21 世纪中小学教师培训读本

仇国政　主编

（上）

辽宁少年儿童出版社

© 仇国政　2012

图书在版编目(CIP)数据

21世纪中小学教师培训读本/仇国政主编. —2版
—沈阳:辽宁少年儿童出版社,2012.8
ISBN 978 - 7 - 5315 - 3542 - 3

Ⅰ.2…　Ⅱ.仇…　Ⅲ.中小学—师资培训—教材
Ⅳ.G635.12

中国版本图书馆 CIP 数据核字(2012)第 201690 号

21世纪中小学教师培训读本
仇国政　主编
出版发行:北方联合出版传媒(集团)股份有限公司
　　　　辽宁少年儿童出版社
出版人:许科甲
地址:沈阳市和平区十一纬路 25 号
邮编:110003
发行(销售)部电话:024 - 23284265
总编室电话:024 - 23284269
E-mail:lnse@ mail. lnpgc. com. cn
http://www. lnse. com
承印厂: 北京海德伟业印务有限公司

责任编辑: 陈　鸣
责任校对: 那一文
责任印制: 吕国刚

幅面尺寸: 165mm×230mm
印　张: 30　　字数: 350 千字
出版时间: 2012 年 8 月第 2 版
印刷时间: 2012 年 8 月第 1 次印刷
标准书号: ISBN 978 - 7 - 5315 - 3542 - 3
定　价: 59. 00 元(上、下册)

编委会名单

主　编：仇国政

副主编：于守魁　张亚平

编　委：(以姓氏笔画为序)

王　东　　王春江　　尤　明

孙晚霞　　曲岫渤　　李　明

李连海　　张亚平　　宋成科

杨荣祥　　郑　哲　　徐静丽

惠晓岩

前 言

教师朋友们，我们生活在一个飞速发展、日新月异的伟大时代。当21世纪的曙光照亮了人类共同家园时，我们面临的是这样一个纷繁而瑰丽的世界——全球化浪潮席卷而来，信息社会翩然而至，知识经济呼之欲出。在这个世界上，每时每刻都有新的文化成果产生，每时每刻都有新的知识传播。时代给人类提出了一个全新的理念，就是构建学习型社会。为了振兴中华伟业，党和政府把科教兴国确立为基本国策；民族赋予我们教育工作者一项重大使命，用我们的教育成果推动国家富强、民族昌盛。身为人民教师，我们深感责任重大，只有不断地汲取新知识，才能不断地丰富自己、提高自身素质，才能肩负国家的期望，人民的重托，历史的使命。"朝饮木兰之坠露兮，夕餐秋菊之落英"，广采博取地吸收知识，与时俱进地丰富自己，是现代教师必备的品质。

为了满足教师朋友继续学习的需要，我们不揣浅陋地编写了这本21世纪中小学教师培训读本。它比较集中地反映了近年来教育学、心理学、学校管理理论和教育政策法规的最新成果，它对我们所从事的新世纪的教育教学、学校管理工作都有重要的参考价值。本书的成果虽然不是采自自家东篱，却是遍取他人精华。您无须怀疑本书的理论高度，因为我们是站在巨人的肩上。在本书的编写过程中，同一问题上有多家论述，则取最新观点；遇到有分歧的问题，则以国家教育行政部门认定的教材为准绳，以此来保证它的权威性。

为了方便学习，我们采用了分编结构、问答体例。每编都附有案列分析题，以供读者参考。本书可以作为教师继续教育读本，可以用于教师职称考评教材，也可以作为关心现代教育人士的知识读本。

本书主编仇国政和副主编于守魁、张亚平同志对书的体系、体例、框架以及理论要点进行了整体策划。第一编由李明、惠晓岩编写；第二编由尤明、宋成科、李连海编写；第三编由李明、郑哲、孙晓霞编写；第四编由张亚平、徐静丽、杨荣祥编写，其中师资培训部分由尤明编写；第五编由曲岫渤、王东、王春江编写。于守魁、杨荣祥同志承担了全书的统稿工作。

因为是编写教材，所以我们大量地采用了相关教材与学术论著的观点，书中无法一一注明，只能在此深表谢忱。书后我们尽可能详细地列出参考文献目录，以表不敢掠美之真诚。如有疏漏，还望海涵。

序

周浩波

2001 年,基础教育课程改革实验工作启动以来,我省各实验区努力贯彻国家和省制定的有关文件精神,取得了一些宝贵经验,实验区的教育面貌发生了明显变化,实验规模正在进一步扩大,实验改革也随着不断深化,实验工作正健康有序的开展。

基础教育课程改革对教师素质提出更高的要求,教师培训工作面临着新的挑战。教师培训是课程改革工作的重要组成部分,也是一项系统的工程,具有长期性、艰巨性、复杂性的特点。"十五"期间,教师继续教育和校长培训工作要以课程改革为核心内容,逐步形成"实验、培训、管理、研究"一体化机制,推动师资培训工作质量和效益的不断提高,保证课程改革顺利进行。

新一轮课程改革具有改革力度大、推进速度快的特点,广大干部、教师在教育观念、教育教学能力上一时还不能适应课程改革的要求,因此,他们迫切需要一些能体现现代教育思想、适应新一轮课改要求的综合性学习指导材料,《21 世纪中小学教师培训读本》就是一本具有指导性的学习用书。

《21 世纪中小学教师培训读本》体现了如下几个特点:

1. 综合性

该书将教育学、心理学、学校管理学等内容综合在一起,并相互渗透,相得益彰。

2. 实用性

该书遵循"源于实践,服务于实践"的原则,立足基础教育教学与管理的要求,引入案例研究、行动研究,改变了过去知识与方法、知识与价值、知识与情境分离的局面，一定会提高读者的学习实效。

3．时代性

该书以《中共中央、国务院关于深化教育体制改革，全面推进素质教育的规定》、《国务院关于基础教育改革与发展的决定》、《基础教育课程改革纲要（试行）》以及"十六"大关于教育改革发展的重要论述为指导，借鉴国内外的先进教师教育经验，体现了新的教育思想、教学方法和要求。

4．生成性

该书的编写注重了读者的学习参与，启发读者思考问题，从而产生新的认识，实现自我的提高与发展。

5．活动性

该书改变以往一些图书只让读者被动学习和接受的知识传递方式，以一种开放的心态引导读者积极参与，并形成多元的回答，从而提高干部、教师的创新精神和实践能力。

作为《21世纪中小学教师培训读本》的编者及工作者，无疑是做了一项有意义的工作。希望广大的教育工作者不妨读一读，逐步积累教育教学经验，为基础教育事业的发展多作贡献。

目 录

第一编　教育学（上）

第一篇　教育学（上）

一、现代教育的概念和基本特征是什么？

（一）现代教育的概念

从资本主义大工业和商品经济发展起来到共产主义完全实现这一历史时期的、致力于与生产劳动相结合、培养全面发展的人的教育。

（二）现代教育的基本特征

1. 培养全面发展的人的理想和理论从理想走向实践，这是现代教育区别于以往教育的首要的基本特征；

2. 教育与生产劳动相结合的范围、程度和意义日益扩大，教育的生产性日益突出和加强；

3. 科学精神与人文精神从分离走向统一；

4. 教育民主化向纵深发展，教育的公共性日益突出，教育公正和教育机会均等成为教育决策和教育行为的基本准则；

5. 教育的技术手段日益更新，教育的时空空前地拓展，教育资源不断丰富，教育制度的弹性和开放性不断提高；

6. 教育地位不断提升，教育功能不断增强，教育事业成为兴国之本；

7. 教育不断变革，现代教育从目标到课程、内容、方法、组织形式、评价标准、结构体系等，都是需要不断革新的；

8. 教育的理论自觉性不断提高，经验主义、主观主义和官僚主义日益被克服；

9. 教育科学事业不断发展，为现代教育的改革提供知识和理论基础；

10. 教育的对外交流与合作日益深化，为教育改革和发展创造更好的外部条件；

11. 教育的终身化，现代教育不局限于学龄阶段，而是贯穿人的一生，为此，必须变预备式的教育为终身教育，必须改变传统的教育观念、课程结构和评价方式，必须打通正规教育与业余教育、学校教育与继续教育，建立一个一体化的、更加灵活的、满足不同类型和层次学习者学习需要的新的教育体系。

二、什么是全民教育？

全民教育是指对社会全体民众所提供的教育，即全体国民都有接受教育的基本权利并必须接受一定程度的教育，通过各种方式满足基本的学习需求。

三、什么是终身教育？

终身教育是 20 世纪 60 年代形成和发展的一种国际性教育思想。它使教育从教育思想到教育行为方式发生根本性转变，带来了整个教育的革命。终身教育是指人们在一生中所受到的各种培养的总和，包括各个年龄阶段的各种方式的教育，如正规的和非正规的教育，学校教育、家庭教育和社会（社区）教育等。

四、什么是学习化社会？

学习化社会是 20 世纪 60 年代富勒、赫钦斯等一批欧美学者提出的关于社会、教育及其相互关系的设想。学习化社会即形成一个教育与社会、政治与经济组织（包括家庭、单位与公民生活）密切交织的社会，社会中的每一个公民享有在任何情况下都可以自由取得学习、训练和培养自己的手段，社会把"学习实现自我"即人的教育，放在最优先的地位。学习不仅包括人的整个一生，而且也包括整个社会。

五、入世后，我国的教育服务承诺有哪些？

（一）对于义务教育和特殊教育（如军事、警察、政治和党校教育等）没有作出开放市场的承诺。除上述领域外，在初等教育（如学前教育）、中等教育（如普通高中、中等职业技术教育）、高等教育（中学后职业技术教育、其他高等教育服务）、成人教育以及其他教育服务等五个项目上，作出了承诺。

（二）在服务提供方式上，对于跨国境交付教育服务方式没有作出承诺；对于境外教育消费未做任何限制；对于商业存在作出了有限开放市场的承诺，允许中外合作办学，同时外方可获得多数拥有权，但在国民待遇上未作承诺，对于外资独立设立教学机构提供教育服务方面没有承诺；对于自然人流动，承诺外国个人教育服务提供者受中国学校和其他教育机构邀请或雇佣，可以入境提供教育服务，但必须具有一定资格，包括具有学士或学士以上学位，且具有相应的专业职称或证书，具有两年专业工作经验。

六、入世对我国教育观念的影响是什么？

入世对我国教育观念的影响，主要表现在以下几方面：

（一）教育平等的观念

入世后，政府和社会将更加着力于向公民提供公平的教育机会。特别是在义务教育阶段，政府应创设条件使每一所小学和初中都向学生提供相对平等的教育资源和教学质量水平。教育行政部门要逐步取消有悖于平等原则的各类重点办学政策，使各类公办学校逐步成为教学水平相当的学校。

（二）教育民主的观念

入世后，在受教育方面要尊重人们选择自由的权力，应当逐步取消有关限制人们自由选择学校的规定。同时，教育行政部门要尊重人民在教育决策中的权力。

（三）教育法制的观念

入世后，我国教育行政部门要进一步建立健全教育法规，清理与我国政府承诺不一致的、不利于教育市场公平竞争的有关法规，依法行政，依法管理。

（四）教育标准国际化

入世后，国际上一些先进的教育观念、制度、规范和标准等将会逐步引入国内，如校长的评价制度、教师教学的评价制度、学校的课程标准、课堂教学的质量标准、综合性教学的开展等，都将参照国际标准执行。

（五）学生能力素质通用性

入世后，适应国际交往和竞争需要的通用能力素质主要有以下几种：1. 外语应用能力；2. 在国际交往中跨文化沟通能力；3. 信息处理能力；4. 创新能力；5. 良好的心理素质。因此，教育必须着力培养学生诚实、信用、守时、竞争与协作等优良品质，使之成为深刻理解我国文化，继承优良文化传统，同时又通晓异国文化，具备广泛的国际知识的中国人。

七、入世对中国基础教育带来哪些影响？

（一）入世后，我国基础教育在教育体制、办学模式、经费投入、课程、教材、教法、考试、升学等方面都要进行新的综合、配套改革。如：由一元化办学体制、垂直式管理体制向拆除围墙、具有弹性和活力的多元化体制转变；由现行的选拔性教育制度向多元的、灵活性教育制度转变；由狭隘的民族主义、单一文化的办学方向向国际化、开放化、多样化办学方式转变。

（二）入世后，我国基础教育的教育观、教学观、质量观和人才观必须调整，培养创新型人才、复合型人才、全面发展的人才，以顺应经济全球化与知识经济的时代潮流。

（三）入世后，我国基础教育由"应试教育"转向"素质教育"更显迫切。由教育学生升学就业，只注重学历教育向注重创业、实践、能力、综合素质俱佳的复合型人才、创新型人才的教育转变,给每一个学习者提供更多发展的可能性,逐步使我国的基础教育真正转移到全面提高学生素质的轨道上来。

(四) 入世后,我国基础教育由传统的、一次性的学校教育向终身教育、终身学习转变;由标准化教育、以传授知识和文化为主的教育向重视适应性或个性化教育、创造文化价值和知识经济价值的教育转变,它对解决当前在教育教学领域里存在的诸多问题,如:重知识传授,轻能力培养;重理论知识,轻实践环节;重教材灌输,轻教法的改进和学法指导;教学难度增大,学生作业增多,挫伤学生的心智等,将会产生积极的推动作用。

(五) 入世后,为提高我国基础教育的质量,还必须进一步加强师资队伍建设,提高教师的整体素质。

八、入世对素质教育提出的新要求是什么?

入世对中国高质量人才的培养提出了更高、更新的要求。21 世纪教育是培养创新人才的教育,其主要特征是:

(一) 随着经济全球化中知识更新速度的加快,衡量一个人素质的主要标准不再仅是占有知识的多少,更重要的是其创造能力、创新意识的强弱。强烈的创新意识、旺盛的创造能力已成为构成人的素质的主要因素。在学会生存、学会关心、学会创造三者之间,核心和基础是学会创造。

(二) 现代社会及入世后,要求人才能够极大地发挥主观能动性和创造潜力,主动去创造环境,创造未来,使环境、社会与人处于一种良性互动的状态。

(三) 着力于学生智能的开发,特别是创造力的培养,只有通过素质教育才能得到根本的解决。未来社会的文盲已不再仅仅是目不识丁的人,而是没有学会如何学习的人。

(四) 加强人文教育,提倡科技教育与人文教育并重,以培养高素质的创造性人才,必须加强素质教育。

综上所述，实施素质教育，不断提高人的素质是保持经济和社会可持续发展的惟一选择。素质教育所培养的人，不但要有知识，有能力，有才干，有胆识，有开拓思想，有创造精神，还要有科学的思维方法，有高尚的道德品质，有广阔的眼界和胸怀，有崇高的理想和高度责任感。

九、入世与中国素质教育的主要任务是什么？

（一）以加强文化素质教育为基础，增强民族自豪感；

（二）以培养创新精神和创新能力为核心，造就高素质人才；

（三）强调实践意识与实践能力的培养；

（四）全面实施因材施教，注重个性培养；

（五）构建知识、能力、素质综合结构的人才培养模式。

十、党中央、国务院为什么把教育放在优先发展的战略地位？我们应当如何落实？

（一）深刻认识教育在现代化建设中的基础性、先导性、全局性作用和战略地位

1. 教育是实现我国现代化事业的关键所在；

2. 教育与人才是增强我国综合国力和国际竞争力的决定力量；

3. 教育与人才一样是实现人的全面发展的根本途径；

4. 教育与人才培养是实现"三个代表"思想的重要体现。

（二）切实落实教育优先发展的战略地位

1. 提高各级党政主要领导对教育基础性、先导性、全局性战略地位的认识，制定教育发展中长期规划，采取切实措施加快教育发展。

2. 把实施科教兴国、开发人才资源作为发展先进生产力的第一要务，由各级主要领导亲自抓。把教育工作作为考核各级领导干部的重要指标。把教育发展和人力资源开发的各项工作分解到政府各个部门，明确各自职责。

3. 加大政府投入，进一步动员社会资源，加快教育发展。力争 2005 年财政性教育经费占国民生产总值超过 4%，2010 年达到 5%。各级政府要切实担负起包括教育在内的公共财政责任。

4. 鼓励全社会进行智力投资，完善对民间资金投入教育的激励机制。建立教育发展基金，吸纳各种社会教育捐赠。

5. 对农村贫困地区的小学和初中学生逐步实行免费提供教科书制度。进一步完善并全面落实以"奖、贷、助、补、减"为主要内容的资助家庭经济困难学生的政策与制度。

十一、影响人的身心发展的基本因素有哪些？

人的身心发展受多种因素制约，概括起来主要有遗传、环境和教育。

（一）遗传，是指人从先辈那里继承下来的生理解剖上的特点，如机体的结构、形态以及感官和神经系统的特征，特别是脑机能的特点等，这些遗传的生理特点也叫遗传素质。它是人的身心发展的物质基础和自然条件。

1. 遗传素质提供了人的发展的可能性

人的遗传素质优于动物的最大特点，在于它潜藏着巨大发展的可能性，尤其是人的神经系统和大脑的构造与机能，对于人的发展具有特别重大的意义，它提供了人接受教育和发展各种才能的可能性。

2. 遗传素质的生理成熟程度制约人的发展过程及其阶段

所谓生理成熟，指的是受遗传素质制约的生理机能和构造的变化，达到了完善的程度。人的遗传素质是一个逐步成熟的过程，是一个连续不断的过程，是从量变到质变的过程，并表现出一定的阶段性。这种阶段性的形成是与人的年龄相关的，并在一定程度上要受到遗传素质生理成熟水平的制约。

3. 遗传素质的差异性对人的发展有一定的影响

不同个体之间在遗传素质上是存在着客观差异的，在每个人的身上表现出来的不同特点，如智力水平、才能、特长、个性特征等，都在一定程度上受遗传素质的影响。

9

遗传素质仅仅为人的发展提供了可能性，但它不能决定人的发展，人只有通过后天的社会环境和教育的影响，遗传提供的可能性才能转化为现实。

（二）环境，一般是指人们周围所接触的客观世界。它包括自然环境和社会环境，是影响人的身心发展的外部条件。

在人的发展中，社会环境起着更为主导的作用。社会环境是多种因素的复合体，其中有积极的因素，也有消极的因素。它对人的影响带有一定的自发性和偶然性。青少年学生由于缺乏明确的信念和辨别是非的能力，加之好奇心、模仿性、求知欲强，很容易接受它们的正、反两个方面的影响。由于这些影响具有耳濡目染、潜移默化的性质，因此，它又具有一定的深刻性，有的影响甚至终身难忘。

但是，人并不是消极、被动地接受环境的影响。人所具有的主观能动性，决定着人不但能正确地认识外部世界，还能主动地改造世界；不仅是环境改造人，人也可以反过来改造环境，通过改造环境来更好地适应外部环境。

（三）教育（即学校教育），它是影响人发展的最有效的因素。教育在人的发展中起着主导作用，是因为：

1. 教育是一种有目的、有计划、有组织、有系统地培养人的活动。它根据一定社会发展的要求，根据青少年身心发展的规律，选择适当的教育内容，采取有效的教育方法，对人进行系统的教育和训练，保证了人的发展方向，从根本上消除了环境对人的影响的自发性和盲目性。

2. 教育是教师根据一定社会发展的要求，对青少年施加影响，促进他们获得全面发展的活动。教师的职责和工作特点保证了青少年发展的正确方向。

3. 在人的一生中，青少年时期是最需要受教育、也最适宜受教育的时期。青少年时期正是长知识、长身体和世界观逐步形成的重要时期，他们的知识比较贫乏，经验不足，独立思考问题的能力和判断是非的能力还不强，他们的成长有赖于正确教育的引导。由于青少年身心发展的特点，教育所起的作用是主导的。

十二、基础教育课程改革与教师角色更新

基础教育课程改革对教师的教育观念、教育方式、教学行为的改变提出了新的要求。在新课程环境下，教师必须重新塑造自己的角色并作出战略性调适，重构面向中国教育未来的发展性角色，保持与新世纪新课程的同步成长。

（一）教师由课程规范的复制者变为新课程的创造者

在旧的课程模式中，教师的职能只是按部就班地复制教育行政主体既定的课程规范。在新课程改革中，教师作为课程的主体，必须积极、主动的介入到新课程的研究、开发、设计和实施等一系列创新活动中，体现出课程改革的新理念：教师即课程。

1. 教师要自觉地研究新课程理念和课程理论的宏观发展趋势，优化自身的课程理论素养，改善自己的知识结构；

2. 教师要具备对新课程的开发、设计和整合能力，学会开发和利用课程资源，提高信息技术与学科教学有机结合的能力；

3. 教师要创造性地实施新课程，以开放性、生成性和创新性为基本价值取向，改善和优化整个教学流程，使学生最大限度地突破知识体系。

（二）教师由课程知识的施予者变为教育学意义上的交往者

新课程中，教师不再以课程知识的惟一拥有者和权威自居，其职能将变"知识施与"为"教育交往"，以矫正"教程"与"学程"相分离甚至相对峙的应试倾向。

1. 教师应当以平等的人格，实现与学生的人际交往与心灵交流。其内容为激活知识，导向创新的态度、情感、意义和价值生成；其形式为充分尊重学生自主地位的共享型"对话"。

2. 新课程要求教师具备两种坚定的理念，即民主理念和生本理念。

所谓民主理念，是教师应在兼顾课程基础性的前提下，尽可能淡化课程实施中曾过度强化的预定性和统一性，而以民主和平等的姿态接纳交互主体的差异性、独特性甚至是局限性，不以预计目标来封闭开放性对话的"边界"。如：创新人格的优异品质，诸如思维方向的求异性、思维的灵活性、思维表达的新颖性等，均需在民主化课程氛围和对话中予以充分发展。

所谓生本理念,是教师在课程双边互动中超越智力要素而全方位发展学生情意要素所具备的。教师要从人的一生可持续发展的战略高度出发,在课程的每个环节中都体现出以生为本,"全人"发展的课程理想。

为此,教师要促进学生发展创新精神、实践能力、科学和人文素养(良好的心理素质、健康的审美情趣和生活方式),以求培养和谐、创新和富有活力的现代新人格。

（三）教师由课程分数的评判者变为学生自主性学习的促进者

传统课程评价观,教师扮演着课程分数的评判者,重终结性评价轻形成性评价,重表面课程分数而轻内在主体性人格发育,学生总是处于被测试、区分和选拔的评价客体地位。新课程观要求教师将评价重点由终结性转向形成性和过程性,并且引导学生不但求"知",更要求"法";不但"学好",更要"好学"和"会学"。

1. 教师应当掌握好课程评价的实践性原则,包括发展性、多样性和情感性等原则。

①教师要以面向未来的超越性眼力去开发学生成长的潜力和可能争取到的新发展,要以博大的情怀去精心发现并呵护每位学生的细微变化和潜在的发展,这是发展性原则的体现。

②教师以自身独具的眼力和襟怀来悦纳学习个体之间的多样性和差异性,激励每个学生在自己原有的位置上逐渐发展和升华,这是多样性原则的体现。

③教师对学生的评价应以心灵拥抱心灵,激情点燃激情,以肯定和表扬为主,多用寄寓真切期待的鼓励语,使学生为满足教师的热忱而挥洒自己探索求真的内心激情,这是情感性原则的体现。

2. 教师要激发出学生建立在自主性基础上的可持续发展的强劲动力,帮助学生认识自我,建立自信。

十三、教师职业道德规范的内容有哪些?

（一）依法执教。学习宣传马列主义、毛泽东思想和邓小平同志建设有中国特色社会主义理论,拥护党的基本路线,全面贯彻国家教育方针,自觉遵守《教师法》等法律法规，在教育教学中同党和国家的方针政策保持一致，不得有违背党和国家方针、政策的言行。

（二）爱岗敬业。热爱教育，热爱学校，尽职尽责，教书育人，注意培养学生具有良好的思想品德。认真备课上课，认真批改作业，不敷衍塞责，不传播有害学生身心健康的思想。

（三）热爱学生。关心爱护全体学生，尊重学生的人格，平等、公正对待学生。对学生严格要求，耐心教导，不讽刺、挖苦、歧视学生，不体罚或变相体罚学生，保护学生合法权益，促进学生全面、生动、健康发展。

（四）严谨治学。树立优良学风，刻苦钻研业务，不断学习新知识，探索教育教学规律，改进教育教学方法，提高教育、教学和科研水平。

（五）团结协作。谦虚谨慎、尊重同志、相互学习、相互帮助，维护其他教师在学生中的威信，关心集体，维护学校荣誉，共创文明校风。

（六）尊重家长。主动与学生家长联系，认真听取意见和建议，取得支持和配合。积极宣传科学的教育思想和方法，不训斥指责学生家长。

（七）廉洁从教。坚守高尚情操，发扬奉献精神，自觉抵制社会不良风气影响。不利用职责之便牟取私利。

（八）为人师表。模范遵守社会公德，衣着整洁得体，语言规范健康，举止文明礼貌，严于律己，作风正派，以身作则，注重身教。

十四、我国教师职业道德规范的基本体系是什么？

教师职业道德规范是由国家或教育行政部门颁布的、教师在从事教育专业工作时，所应遵循的价值取向、基本原则和行为规则。

我国教师职业道德规范的基本体系由四种基本关系和三个基本层次构成。这四种基本关系是：教师与教育事业的关系、教师与受教育者（学生）的关系、教师与其他教师及教师集体关系、教师与家长及其他相关人员的关系。三个基本层次是：师德理想、师德原则和师德规则。其中，师德理想体现着教育专业至善至美的道德境界，具有激励功能；师德原则是指教师职业行为的准则和依据，具有指导功能；师德规则是对教师职业行为的最低要求，具有约束功能。这四种基本关系和三个基本层次构成了一个比较完整、有序、立体式的教师职业道德规范体系。

十五、现代学生观的基本观点有哪些?

（一）关于学生是发展的人的观点

1. 中小学生正处于生理、心理发育和发展的重要时期，他们是变化着的个体，其身心发展具有不平衡性、顺序性、阶段性和个别差异性等规律。

2. 中小学生有巨大的发展潜能，其发展是在教师的引导下，良好个性不断提高的过程，不良个性矫正和克服的过程，潜能转化现实以满足并成为自我发展动力的过程。学生发展具有以下特征：①每个学生都有不断进步的需求；②每个学生都有获得成功的愿望；③每个学生都有自我实现的需要和自我发展的创造潜力。

3. 学生是处于发展过程中的人，其发展具有不成熟和不完善的特点。要求教师在教育教学过程中，不要把目光仅停留在作为事实和结论的知识上，要深入挖掘教学中的智力潜能和审美价值，并把它们同学生的发展联系起来，以有力地促进学生的全面发展。

（二）关于学生主体性的观点

学生主体性是指学生作为教育教学活动的主体的本质属性，它包括学生在教育教学活动中的自主性、主动性和创造性三个基本特征。其中，自主性是核心，主动性是基础，创造性是升华。教师在教育教学过程中要充分发展学生的主体性，即善于激发学生的主动性，培养学生的自主性，鼓励学生的创造性，从而促进学生的全面发展、主动发展、生动活泼地发展。

（三）关于学生是"独特的人"的观点

1. 每个学生都是一个完整的人

在教育教学活动中，作为完整人而存在的学生，不仅具备全部的智慧力量和人格力量，而且体验着全部的教育生活。如果不从人的整体性上来理解和对待学生，教育措施就容易脱离学生的实际，教育活动也难以取得预期的效果。要把学生作为完整的人来对待，就必须反对那种割裂人的完整性的做法，还学生完整的生活世界，丰富学生的精神生活，给予学生全面展现个性力量的时间和空间。

2. 每个学生都有自身的独特性

每个学生都有着自己的内心世界、精神生活和内在感受，有着不同于成人的观察、思考和解决问题的方式，即每个学生都有着独特的个性。这种独特性，既是人的个性形成和完善的内在资源，也是教育努力的重要目标。珍视学生的独特性和培养具有独立个性的人，应成为我们对待学生的基本态度。

3. 每个学生之间都存在着差异性

学生与学生之间不仅年龄不一样，其心理发展也存在较大差异。即使同一年龄的学生相互之间的差异也是客观存在的，而且这些差异表现在多方面。形成学生个体差异的观念，把握学生的个性特点，是因材施教的根本前提。

（四）关于学生是教育活动的主体的观点

在教育教学过程中，学生是学习活动的承担者或体现者。教师的指导和传授，只是一个外部条件，学生对知识的掌握，思想品德、世界观的形成，必须通过学生这个内因，通过学生自身的主观能动性和积极的思维活动，才能实现。

十六、中小学生发展的一般任务有哪些?

（一）小学阶段学生发展的主要任务

1. 发展基本的阅读、书写及计算技能；

2. 发展有意注意的能力；

3. 发展借助于具体事物进行推理的能力；

4. 发展社会性的情感；

5. 发展意志的主动性和独立性；

6. 建立起对自己的完整态度；

7. 学习与同伴相处；

8. 学习分辨是非，发展良知、德性；

9. 发展对社会、集体的态度。

（二）初中阶段学生主要的发展任务

1. 发展有意记忆的能力；

2. 发展借助于表象进行逻辑思维的能力；

3. 发展创造性能力及探索精神；

4. 建立一定的兴趣和爱好；

5. 获得情绪的自我调控能力；

6. 学习处理与同伴的关系，建立与同伴的友谊；

7. 形成一定的理想和价值观系统作为行为的指导；

8. 发展自我教育的能力；

9. 适应自身生理变化带来的压力。

（三）高中阶段学生发展的主要任务

1. 发展辩证思维的能力；

2. 为职业生活做准备；

3. 学习选择人生道路；

4. 认识自我、认识社会，形成积极的人生观和世界观；

5. 获得一定的社会角色定向；

6. 学会正确对待友谊和爱情；

7. 提高自我调节生活与心理状态的能力。

十七、如何建立现代新型师生关系？

（一）现代新型师生关系的主要表现

1. 新型师生关系的核心是把教师和学生看成真正意义上的"人"，师生之间是平等的关系，没有高低和尊卑之分。

2. 新型的师生关系体现在学生与教师的相互尊重、合作、信任中全面发展自己，获得成就感与生命价值的体验，获得人际关系的积极实践，进行自由个性和健康人格的确立。

3. 新型的师生关系体现在教师通过教育教学活动，让每一个学生都能感受到自主的尊严，感受到心灵成长的愉悦。

（二）现代新型师生关系的建立

1. 加强理论学习，转变教育观念，提高师德水平和敬业精神，树立"一切为了学生，为了学生的一切"的教育思想；

2. 改进课堂教学模式，营造宽松的教学氛围，充分发挥教师的主导作用和学生的主体作用；

3. 改进教育方法，实行民主化管理，不断优化育人环境，提高为学生服务的质量；

4. 充分发挥德育活动课和心理健康课的教育功能，增加师生间的理解和相互尊重；

5. 开展丰富多彩的教育活动，增进师生间的了解，架起师生间友谊的桥梁；

6. 积极探索新形势下建立新型师生关系的方法和途径。

十八、小学阶段的德育目标和德育内容有哪些?

（一）小学阶段的德育目标

培养学生初步具有爱祖国、爱人民、爱劳动、爱科学、爱社会主义的思想感情和良好品德；遵守社会公德的意识和文明行为习惯；良好的意志、品格和活泼开朗的性格；自己管理自己、帮助别人、为集体服务和辨别是非的能力，为使他们成为德、智、体全面发展的社会主义事业的建设者和接班人，打下初步的良好的思想品德基础。

（二）小学阶段的德育内容

1. 热爱祖国的教育；

2. 热爱中国共产党的教育；

3. 热爱人民的教育；

4. 热爱集体的教育；

5. 热爱劳动、艰苦奋斗的教育；

6. 努力学习、热爱科学的教育；

7. 文明礼貌、遵守纪律的教育；

8. 民主与法制观念的教育；

9. 良好的意志、品格教育；

10. 辩证唯物主义观点的启蒙教育。

十九、初中阶段的德育目标和德育内容有哪些？

（一）初中阶段的德育目标

热爱祖国，具有民族自尊心、自信心、自豪感，立志为祖国的社会主义现代化努力学习；初步树立公民的国家观念、道德观念、法制观念；具有良好的道德品质、劳动习惯和文明习惯；遵纪守法，懂得用法律保护自己；讲科学，不迷信；具有自尊自爱、诚实正直、积极进取、不怕困难等心理品质和一定的分辨是非、抵制不良影响的能力。

（二）初中阶段的德育内容

1. 爱国主义教育；

2. 集体主义教育；

3. 社会主义教育；

4. 理想教育；

5. 道德教育；

6. 劳动教育；

7. 社会主义民主和遵纪守法教育；

8. 良好的个性心理品质教育。

二十、高中阶段的德育目标和德育内容有哪些？

（一）高中阶段的德育目标

热爱祖国，具有报效祖国精神，拥护党的社会主义初级阶段的基本路线；初步树立建设有中国特色社会主义现代化事业奋斗的理想志向和正确的人生观，具有公民的社会责任感；自觉遵守社会公德和宪法、法律；养成良好的劳动习惯、健康文明的生活方式和科学的思想方法，具有自尊自爱、自立自强、开拓进取、坚毅勇敢等心理品质和一定的道德评价能力、自我教育能力。

（二）高中阶段的德育内容

1. 爱国主义教育；
2. 集体主义教育；
3. 马克思主义常识和社会主义教育；
4. 理想教育；
5. 道德教育；
6. 劳动和社会实践教育；
7. 社会主义民主观念和遵纪守法的教育；
8. 良好个性心理品质的教育。

二十一、如何在实践中具体安排学校德育内容？

（一）中小学德育内容的序列化安排

学校德育内容的序列化是由学生思想品德发展的顺序性和阶段性以及社会思想道德的内在逻辑和层次结构决定的。学校要遵循青少年学生思想品德形成的规律，根据德育工作的总体目标，科学地规划各教育阶段的具体内容、实施途径和方法。

（二）对不同阶段学校德育内容的重点安排

要根据学校教育阶段的层次性安排德育内容。如小学阶段重点开展以"五爱"为基本内容的社会主义公德教育、社会常识教育和文明行为习惯的养成教育；中学德育的基本任务是把学生培养成热爱社会主义祖国的具有社会公德、法制意识、文明习惯和遵纪守法的公民，引导他们逐步树立正确的世界观、人生观和价值观；高中阶段要注重有针对性地对学生进行马列主义、毛泽东思想和邓小平理论基本观点教育，辩证唯物主义和历史唯物主义基本观点的教育。

（三）对具体实施层面上学校德育内容的细化安排

教育工作者要把概括性的学校德育内容不断地分解，使其具体化，变成直接构成学校德育活动的内容。如教师可以把"爱的教育系列"分解为：一年级爱父母教育，二年级爱老师教育，三年级爱同学和爱集体教育，四年级爱学习教育，每个爱的主题又细化为若干具体的内容项目。

二十二、如何增强德育工作的实效性？

（一）在德育内容上要坚持基本性和发展性的统一，立足民族传统美德教育，注重吸纳现代文明成果；

（二）在德育目标上要坚持层次性和递进性的统一，针对学生年龄特点，遵循品德形成规律，区分层次，逐渐推进，持续发展；

（三）在德育方法上要坚持动情性和明理性的统一，以情感人，以事明理；

（四）在德育过程中要坚持实践性和养成性的统一，常抓不懈，重在养成；

（五）在德育途径上要坚持协同性和一致性的统一，整体协调，形成合力。

二十三、现代学校德育新方法介绍

现代学校德育要树立"主体道德观"，发挥学生在德育中主体地位，使学生以主人翁的精神参与到德育中，切实提高德育的实效性。

（一）价值判断澄清法

价值判断澄清法，是为了帮助学生辨析其行为的价值，澄清思想上模糊不清的价值观念，提高学生的道德认识，促使学生产生更积极的行为。

运用价值判断澄清法时，教师要注意引发学生自然地表达自己的态度和看法，不要急于作出结论或评价，而是善于揭示学生观念中的矛盾焦点，引导学生深入思考，充分展示每一观念的不同价值趋向，让学生在辨析当中逐步领悟恰当的价值观念，这才是价值澄清的关键所在。其具体的操作过程是：

1. 界定需要价值澄清的事件或问题。

2. 小组进行价值辨析判断。这个过程可采用讨论、辩论、谈话、游戏、竞赛等形式，引导学生对事件（行为）进行深入分析和价值判断，可围绕事件（行为）的时间、地点、方式、原因、后果、利弊、体会等方面进行讨论。

3. 教师澄清事件（行为）的价值，强调事件（行为）符合现实社会道德（公德）要求的价值趋向，说明事件（行为）当事人应承担的后果和责任。

（二）游戏角色扮演法

游戏角色扮演法是以生活中某一事件为原型，为学生创设一种类似实际生活的游戏情景和气氛，让学生轮流扮演各种角色去应付不同的困难和冲突，体验各种角色的感受，然后要求学生阐述自己采用某种处理方法的原因和依据，以逐渐丰富学生的情感体验，培养学生的移情能力，使他们学会推己及人地考虑和处理问题。

游戏角色扮演法对培养学生的关爱、同情、自信心、认真、负责等优良态度品质具有特殊的效果，但要注意让每一位参与者在扮演角色的过程中要做到真、善、美。

（三）情景活动强化法

情景活动强化法，是指通过一定的设施、设备、场所和工具，为学生创设一种共同活动的环境气氛，让学生在亲身参与某种活动情景中体验关爱、协作、自主、分享等行为的重要性，从而培养学生的意志和情感品质，提高学生一定的操作技能和实践能力。这种方法要求活动组织者具备与活动相关的知识和技能，详细周密地设计具有一定操作技术和活动规则的团体活动，并熟悉每个活动环节的操作技术，同时进行现场的技术或语言指导。其具体要求是：

1. 活动设计要有一定德育内涵和技术难度，每个人经过努力和协作都能做到。

2. 每个活动者都要参与活动的全过程。

3. 活动者必须自觉遵守活动规则。

4. 活动结束之后必须进行自我评价和小结。

（四）心理综合辅导法

心理综合辅导法,是指针对当前学生在学习、人际关系、情感调控和生活适应等方面出现的问题行为进行辅导和教育,它深入到人的需要、动机、态度、价值观、情感、意志、品德、个性等心理品质的培养,关注人的各种心理品质的全面发展。

心理综合辅导法按照辅导对象的不同,可分为个别辅导和集体辅导;按照辅导的具体形式,可分为咨询、讲座、测试、心理训练等;按照辅导的内容,可分为学习辅导、情绪辅导、交往辅导和升学就业辅导等。在辅导的过程中,要注意坚持平等原则,建立朋友式的师生关系,同时注意辅导的主要目的不是解决具体的心理问题和障碍,而是侧重学生良好心理品质的培养。

二十四、学校如何开展诚信道德教育?

诚信是一个人对自己行为负有责任的伦理规范。讲诚信,是提倡做人要忠诚老实,诚恳待人,取信于人,给人以应有的信任。诚信既是人际关系中的基础性道德,也是市场经济领域中的基础性道德规范。社会诚信道德的建立,是以每个人的诚信为基础的,诚信的培养是一个系统工程,而学校是诚信教育的重要场所。为此,在学校开展诚信道德教育,应力求从以下渠道加以落实:

(一) 对学生加强诚信是中华民族传统美德的教育

"立身处世,诚信为本"。要发扬这一中华传统美德,一是开展大规模的宣传教育活动,培育"信用至上"的社会道德,形成"守信光荣,失信可耻"的道德氛围;二是诚信道德教育应当从娃娃抓起,让孩子从成长开始就受到诚信意识的熏陶,从而逐步树立讲实话、守信用的道德观念。

(二) 同行为规范教育相结合

行为规范教育是对学生的学习生活、人际交往、集体活动及社会公共场所等方面行为的基本要求。实施行为规范教育的基础是不断提高和完善学生内心自我道德的需要。为此,学校要通过诚信道德教育来规范学生的言行,让"诚实守信"成为学生自觉履行的道德行为规范。

(三) 思想政治课是诚信道德教育的主阵地

思想政治课是对学生进行社会主义政治、思想、道德教育的课程。就目前来看，"经济常识"是对学生进行诚信道德教育的最佳内容。在"经济常识"的教学中，教师要引导学生以诚信为题，对经济生活中典型的事例进行利弊分析，并通过演讲、交流、写体会等形式加深学生对诚信重要性的认识，以充分发挥政治课主渠道的作用。

（四）让学生在实践活动中感悟到诚信是一种宝贵的社会资本

学校要把理财活动作为学校诚信道德教育的内容之一，让学生在亲身理财活动中，懂得适度消费和合理消费的好处，并在消费过程中体验到诚信是一种宝贵的社会资本，以提升对诚信道德的认识。

（五）诚信道德教育方法应多样，形式要活泼

学校要以灵活多样的方法、丰富多彩的形式为载体，培养学生诚实守信的品质；如：举办报告会、演讲比赛、班级辩论会、征文等。同时，还要注意校园文化氛围的教育功能，教师要以身立教、以德育德、以行导行，成为诚实守信的榜样。

（六）诚信教育要从点滴小事着手，持之以恒

教师要善于发现和利用生活学习中的点滴小事，并把它作为一种很好的教育资源，对学生加强诚信意识的培养。

（七）学校教育与家庭教育相结合

家庭是诚信教育的启蒙学校，家长在孩子的诚信教育中扮演着极为重要的角色，起到身教示范的作用。要加强诚信道德教育的实效性，必须通过学校与家庭教育的有机结合来实现。

二十五、什么是教育案例？怎样写好教育案例？

（一）教育案例的定义及特点

教育案例，就是一个教育情境性故事。一个好的教育案例，就是一个生动的故事加上精彩的点评。

教育案例是一种写作的形式，其特点是：

1. 从文体和表达方式上，教育案例以记录为目的，以记叙为主，兼有议论和说明。从写作的思路和思维方式上，教育案例写作是一种归纳思

维，思维的方式是从具体到抽象。

2. 教育案例是对已经发生的教育过程的反映，写在教之后，是结果。同时，它还要求依据撰写的目的，对教育情境作有所选择性的描述。

（二）怎样写好教育案例

1. 撰写教育案例的目的

①学习运用理论。学习理论的一个重要目的是用以指导实践。教育案例是沟通理论与实践的桥梁，并把理论学习与教育教学实践紧密地结合起来，有助于分析、阐释和解决问题。

②总结教改经验。案例撰写是对教育教学实践的反思，从实践中选择适当的实例进行描述和分析，进一步提炼并明确什么是有效的教育行为，对于改进和指导今后的教育教学工作有重要的现实意义。同时，教育案例还是教师梳理、记录自己教学生涯的一种很好的形式。它不仅记叙了教师的教育行为，也记录了伴随行为而产生的思想、情感及灵感，并有其独特的保存和研究价值。

③促进交流研讨。教育案例集中反映了教师在教育教学活动中遇到的问题、矛盾、困惑，以及由此产生的想法、思路、对策等，就这些问题开展交流与研讨，对于教师提高分析能力和业务水平，是非常有益的。

2. 教育案例的基本结构要素

背景。教育案例需要向读者交代故事发生的时间、地点、人物、事情的起因等情况。

主题。教育案例要有一个主题。写作时应选择最有收获、最具有启发性的角度切入，从而确定主题。

细节。写作时要对原始材料进行筛选，有针对性地向读者交代特定的内容，特别是关键性的细节要写清楚。

结果。教育案例既要说明教育教学的思路，描述教育教学的过程，也要交代教育教学的结果——某种教育教学措施的即时效果，包括学生的反应和教师的感受。

评析。评析是在记叙基础上的议论，以进一步揭示事件的意义和价值。另外，评析也可以是就事论事，有感而发。

3. 写好教育案例的关键

①选择复杂的情境。选择教育情境和材料，要因人、因时、因地而异；要符合当前教改实践的需要，提出人们所关心的、想了解的事情和问

题，从不同角度反映教师的教育行为、态度和思想感情。

②揭示人物的心理。人物的心理是故事发展的内在依据，要反映出教师和学生的心理活动，让读者"知其所以然"。

③具有独到的思考。同一件事情，可以引发不同的思考。教师要善于从纷繁复杂的教育现象中发现问题、提出问题和解决问题。

二十六、班主任的职责有哪些？

（一）班主任是学生健康和谐发展的指导者

班主任要对学生的思想、学习、生活、健康等方面负责，并针对每一个学生的具体情况进行教育和引导，及时指明努力的方向，成为学生健康和谐发展的领路人。

（二）班主任是班级集体的组织者

1. 要建立班级学生集体，通过开展丰富多彩的班级活动，使每一个学生的个性得到发展。

2. 要协调班级教师集体，将各科教师的教育影响统一起来，形成教育的合力，增强教育的整体效应。

3. 要组织班级家长集体，使他们最大限度地发挥积极的教育作用。

（三）班主任是学校、社会和家庭三方面教育影响的协调者

1. 要使社会和学校教育保持协调一致。要借助社会力量，利用社会环境中的积极因素，发动社会上的积极教育力量，促进学生健康发展。

2. 要使家庭与学校教育保持协调一致。要针对班级学生的具体情况，主动与学生家长沟通，有针对性地做好家长工作，并形成教育合力，共同促进学生发展。

（四）班主任是对学生教育最全面和影响最深刻的教育者

1. 对学生进行思想品德教育。从个体的发展来看，思想品德教育对学生的全面发展起着导向作用，它包括指引人的发展方向、思想态度以及行为规范的引导作用等。从社会的发展来看，思想品德教育是社会主义精神文明建设的奠基工程。为此，班主任要遵循学生品德发展的规律，正确引导和培养，促进学生的品德向健康的方向发展。

2. 指导学生学习。教育、督促学生学好功课，提高学业成绩，达到教学大纲（或课程标准）的要求，是班主任的一项重要任务。班主任要帮助学生掌握正确的学习方法，养成良好的学习习惯，培养学生的自学能力，使他们学会思考，学会学习。

3. 关心学生的生活和身体健康。组织、督促和鼓励学生经常从事身体锻炼，并让他们逐步认识到身体锻炼的重要性，不断提高锻炼的自觉性。

4. 对学生进行审美教育。班主任要充分利用各种美的因素，开展健康的审美活动，使学生认识美，理解美，成为思想健康、人格高尚、情操纯洁、行为文明的社会主义一代新人。

5. 协助科任教师上好综合实践活动课（包括信息技术教育，研究性学习，社区服务与社会实践，以及劳动与技术教育）。班主任应在协助科任教师上好综合实践活动课（包括信息技术教育，研究性学习，社区服务与社会实践，以及劳动与技术教育），组织学生参加一定的生产劳动和社会公益活动，有助于学生树立正确的劳动观念，养成劳动习惯，增强对劳动人民的思想感情，培养学生的社会责任感，增强探索和创新意识。

二十七、班主任的素质有哪些?

（一）思想品德素质

1. 正确的政治方向、鲜明的政治观点和辨别是非的能力

2. 坚定教育信念，热爱全体学生

班主任必须了解学生、研究学生、尊重和信任学生、关爱学生、严格要求学生。

3. 团结协作、为人师表

（二）知识能力素质

1. 专业知识和相关学科知识

2. 教育科学知识

3. 教育教学能力

班主任的教学能力包括全面掌握运用教材的能力，组织讲解教材的能力，选择教学方法的能力，组织课堂教学的能力，辅导学生的能力和开拓

创新的能力。班主任除必须具备一定的教学能力外，还必须具备帮助、影响、指导和转变学生的能力。

4. 组织能力和创新能力

5. 交往能力和言语表达能力

（三）个性心理品质

个性心理品质是班主任素质结构不可缺少的一部分，是影响班主任工作成功的要素之一。在具体工作中，要求教师观察敏锐、思维准确、想象丰富、情绪饱满、意志顽强、兴趣广泛、信念坚定、性格开朗。

（四）教育机智

教育机智是班主任各种教育才能的综合表现，是丰富的知识、经验、观察的敏锐性、思维的灵活性和意志的果断性的独特结合，是获得良好教育效果的一种教育艺术。班主任必须注重教育机智的训练，以争取良好的教育效果。

（五）身体素质

二十八、班主任工作的内容有哪些？

（一）健全班级组织

健全班级组织主要是指使班级群体成为良好的班集体，包括班级学生集体（班集体）、班级教师集体、班级家长集体及少先队。健全班级组织是班主任工作的前提性内容。

（二）搞好班级管理

班级管理是指班主任对学生的品德、学习、体育卫生、劳动、生活等工作的管理。班级管理是班主任工作的保证性内容。

（三）指导班级活动

班级活动是在教师的指导下由学生自己组织的、为实现班级教育目标而举行的各种教育活动，包括学习活动、团队活动、节日活动、文体活动、劳动、社会实践、社会服务活动等方面。指导班级活动是班主任工作的重要实践性内容。

（四）开展班级教育工作

班级教育是针对具有不同特点的某一类学生或某一个学生所进行的具体教育。它包括班级个别教育、班级偶发事件的处理、班级榜样教育等方面。班级教育工作是班主任工作的基础性内容。

二十九、班主任工作的基本原则有哪些?

（一）学生主体性原则

学生主体性原则是指学生是认识的主体，是自我发展的主体，班主任应把学生当做教育过程的主体，充分尊重并努力发挥学生的主体作用。它既是班主任工作的基本原则，也是所有学校教育工作的基本原则。

班主任在工作中贯彻主体性原则的具体要求是：

1. 深入了解学生的需要，调动学生的积极性

2. 培养学生的自我教育能力，实现"教是为了不教"

培养学生自我教育能力的做法：儿童的自我教育能力是从认识别人，从把自己与同伴比较开始的，是从别人的评价和自己的评价的对比中开始的。从分析、评价他人的行为到分析、评价自己的行为，从自我认识、自我评价再到自我立法、自我司法、自我践履，构成了自我教育的过程。其中，自我认识、自我评价是自我教育的关键。因此，班主任要培养学生的自我教育能力，关键的一环就是要引导他们分析和评价自己。从认识过程看，就是要引导学生把"自己"当做认识的对象，客观地分析自己的长处和不足。每学期开始，班主任可以要求学生制定规划，自己给自己提出要求，并自己监督。到了学期结束，则要求学生做好小结，自己给自己打分，并把这一结果与同学和老师的评价相对照。

（二）民主平等原则

民主平等原则是指班主任在工作中，要认识到教师与学生在人格和社会地位上是平等的，在班级管理中尽量地尊重学生，信赖学生。

班主任在工作中贯彻民主平等原则的具体要求是：

1. 尊重学生的个性，严禁简单、粗暴地对待学生

班主任作为班级的组织者、指导者和管理者，一方面要容许、照顾和发展学生的特长、优势、爱好、独立性，把个性发展看做是正当的、必须

的，并积极引导其向健康的方向发展；另一方面要为学生的个性发展提供尽可能多的条件，因势利导，因材施教，使学生在班级活动中敢于并善于表现自己，展露自己。

2. 依据学生的意愿和利益来管理班级

班主任要充分尊重学生的意愿，按照学生的利益来实施民主管理。要发动学生自己来管理自己，自己的事情自己做主。

3. 严格要求学生

对学生严格要求：①应该是正确的，符合学生的年龄特征，切合实际，令人信服；②应该是简明的，易于被学生理解、掌握，便于记住和履行；③应该是有计划的，对学生的要求一次不能提得过多，要由易到难、有步骤地、循序渐进地提出。

（三）公平公正原则

公平公正原则是指班主任在工作中，能够按照一定社会或时代公认的道德准则，公平合理地对待班级内的每一个学生。

班主任在工作中贯彻公平公正原则的具体要求是：

1. 班主任要加强自身的道德修养，努力养成良好的师德品质

2. 深入地了解每一个学生，准确把握学生的思想动向

3. 不断学习，提高理论素养

（四）实践活动原则

实践活动原则有两个方面的含义：一是指班主任要开展多种多样的活动，通过实践来认识、了解、教育和发展学生。此时，实践活动被当做一种重要的教育手段。二是指班主任要引导学生努力实践，敢于实践，做到言行一致。此时，活动被当做一种标准，来检验学生的道德发展状况。

班主任在工作中贯彻实践活动原则的具体要求是：

1. 转变教育观念，让学生在活动和实践中成长

2. 组织丰富多彩的活动，放手让学生去活动

3. 注重实践，培养学生的道德行为

班主任要加强对学生的生活自理、自立能力的培养，注重引导学生积极参加集体生活、公益劳动和社会服务，培养学生关心他人、关心社会的道德品质。

（五）启发疏导原则

启发疏导原则是指班主任在教育学生时，要循循善诱，以理服人，从

提高学生的思想认识入手，调动学生的主动性，使他们积极向上。

班主任在工作中贯彻启发疏导原则的具体要求是：

1. 讲明道理，疏通思想

2. 因势利导，循循善诱

3. 激励为上，正面教育

（六）集体教育原则

集体教育原则是指班主任在工作中，要注意依靠学生集体，通过集体教育个人，充分发挥学生集体在教育中的巨大作用。

班主任在工作中贯彻集体教育原则的具体要求是：

1. 建立良好的班集体，通过集体教育个人

班主任要发挥学生集体的教育作用，要把集体当做教育的主体，先向集体提出要求，然后通过集体再去要求、帮助和教育个人。

2. 有针对性地教育个人，通过个人来教育集体

班主任要注意通过学生个人转变来影响和培育集体，要通过教育一个学生教育全班每一个学生，培养正确的集体舆论和良好班风，从而使集体与学生个人互相促进。

3. 发挥班主任的主导作用

（七）以身作则原则

以身作则原则是指班主任在工作中要严格要求自己，率先垂范，自正其身，要求学生做到的，自己首先做到，用自己"身教"来影响和感染学生。

班主任在工作中贯彻以身作则原则的具体要求是：

1. 提高专业水平，提高道德修养

2. 言行一致，表里如一，持之以恒

（八）因材施教原则

因材施教原则是指班主任在工作中，要从学生身心发展的实际情况出发，针对他们的年龄特征和个别差异进行不同的教育，使班级内的每个学生都能得到最好的发展。

班主任在工作中贯彻因材施教原则的具体要求是：

1. 深入了解学生的个性特点和内心世界

2. 根据学生个人特点有的放矢地进行教育

3. 根据学生的年龄特征有计划地进行教育

三十、班集体形成的标志是什么？

一个良好的班集体形成的标志为：目标是方向、领导是核心、活动是动脉、舆论是灵魂、组织是功能、制度是保证。

（一）有明确的共同奋斗目标

共同的奋斗目标是班级集体形成的基本条件。一个共同的奋斗目标可使群体具有集体的特性，对群体的行为产生凝聚作用，增强集体的向心力。正确的目标必须在正确的政治方向指导下，能反映时代的要求，又能被全体学生所接受。

（二）有一个团结和谐而又富有权威的集体领导核心

班主任必须要有一批团结在自己周围的积极分子，他们是集体的核心力量和支柱，是共同奋斗目标的积极实践者，是全班学生的带动力量，是班主任的得力助手。

（三）有为实现班级目标而经常开展的富有教育意义的共同活动

组织好活动，寓教于乐，广泛地满足学生的需要，可使学生的思想品德在丰富多彩的活动和交往中形成，开阔眼界，增长知识。能使集体精神焕发，对培养学生团结友爱、互相帮助、热爱生活、发挥才干等有非常重要的意义。

（四）有正确的集体舆论

正确的集体舆论是个人和集体发展的巨大教育力量，是学生进行自我教育的重要手段，它对学生的言行有极大的约束力，同时又具有举足轻重的巩固班集体的作用。

（五）有健全的组织和严格的规章制度

一个健全的组织必须是结构完整、职责分明、民主议事、有核心人物、有人负责、有章可循，既分工又合作的组织。

一个班级集体为了管理的需要、教育的需要、形成良好班风的需要，必须从实际出发，结合校规、校纪，经过全班学生共同讨论制定出切实可行的规章制度，并要求学生严格地遵守执行。

三十一、培养班集体的途径有哪些？

（一）创造良好的班级"第一印象"

创造良好的班级"第一印象"，是以潜移默化、先入为主的方式进行的。班主任要精心地做好新生入学前的各种准备工作，胸有成竹地迎接新集体的诞生。

（二）建立平等的人际关系

人际关系和谐的基础是平等。班级内部平等的人际关系，一是体现在师生关系上。师生平等主要指的是师生在尊严上不分贵贱，人格上彼此尊重，思想上互相交流。班主任应该把自己置于集体一员的位置上，使自己成为与学生人格平等、心灵相通、感情交融的朋友，共同建设班集体。二是体现在生生关系上。学生之间平等的人际关系主要通过教育学生互相尊重来实现的。作为班主任应该热爱每一个学生，尤其要特别关注那些后进生，要善于发现和发展他们独特的禀赋和才能，以此唤起他们内在的尊严感，使他们产生"我有着其他任何人都有的智慧"的自信与自尊，从而形成真正的平等意识。

（三）建立班级共同目标

班级共同目标的确立，必须是鲜明具体、生动感人，必须能激发每一个学生的集体责任感和荣誉感。为此，一方面要考虑目标的层次性（近期目标、中期目标、远期目标）和目标的多样性（可以是学习、纪律、劳动、体育），另一方面班主任要以身作则，坚持和学生一道实现目标。从某种意义上说，班集体形成发展的历程，就是实现一个又一个集体目标的过程。

（四）培养学生干部和积极分子，形成班级领导核心

培养班干部，一要抓好班干部的思想教育。让他们树立为班集体服务的思想，摆正自己和同学的关系，团结互助，并以自己的模范行动去取得全班同学的信任。二要帮助班干部明确自己的职责。让他们明确分工，各负其责，做到班内各项工作有人管，每个班委有事做。三要定期轮换班干部，让更多的学生有锻炼的机会。在学生干部轮换时，要注意做好学生思想工作，宣传调整、轮换班干部的意义，使班级核心力量更坚强。四要注意培养各类积极分子，扩大和积累班级中的积极因素，以促进班集体的形成。

（五）开展丰富的班级活动

班级活动是实现班级目标的根本保证，也是班集体赖以建立和巩固的重要途径。班级活动，就内容而言，有学习活动、班会活动、校内外实践活动等；就形式而言，可以是学习交流、思想讨论、游艺娱乐、远足郊游等。在班级活动中，班主任要通过淡化教育痕迹的方法，来培养学生的集体观念，以此获得最佳的教育效果。

（六）形成健康的集体舆论，培养优良的班风

集体舆论是在集体中占优势，并为多数人赞同的言论和意见。健康的集体舆论作为一种潜在的或无形的教育力量，不仅能提高学生辨别是非的能力，形成集体荣誉感和良好习惯，而且能增强个人的教育力量。班主任要把自己的教育意愿以集体舆论的形式表达出来，通过集体去影响学生。

健康的集体舆论持久地发生作用，就会养成一种良好的班风，而一旦良好的班风形成，又会同健康的集体舆论互相强化。培养良好的班风，班主任一要工作积极进取，认真负责，团结协作。二要引导学生制定必要的班级规章制度，并严格执行，经常检查，总结评比。三要利用榜样的作用。班主任要积极倡导和宣传典型思想、典型人物和典型事件，使学生有模仿对比的对象，并落实和转化为学生的自觉行动。四要针对班级学生中存在和出现的问题，讲清道理，予以解决，同时要坚决抵制歪风，扶持正气。

三十二、培养班集体的方法有哪些？

（一）合作法。是指围绕班级的奋斗目标、规范和舆论进行协作配合，形成合力，统一给学生施加教育影响，发挥整体的教育效应。它包括：班级教师间的合作、班级学生骨干的合作、班级学生家长的合作、班级与学校的合作、班级与社会教育机关的合作等。

（二）激励法。它包括目标激励法和竞赛激励法。

（三）规范法。班主任要以规范去引导和调节学生的言行，从而推动班集体的形成和发展。它包括两类：一类是成文的规范（国家颁布的学生守则、行为准则和班级制定的规章制度），对这类成文的规范要逐步实施，逐步训练，养成习惯。另一类是非成文的规范，即集体生活中约定俗成的

准则，这类规范带有浓厚的感情色彩，体现出集体生活的特色，对学生具有较强的约束力。班主任要有意识地去发现、倡导和培养非成文的规范，借以推动班集体的发展。

（四）示范法。班主任首先要为人师表，发挥其示范和引导作用。其次，要充分发挥学生干部和积极分子的带头作用。第三，要借助于高年级学生的指导和带动作用。第四，要充分发挥先进模范、典型事迹的激励和影响作用。

（五）强化法。强化法通常的方式是批评和表扬，二者要配合运用。

三十三、班级管理的内容有哪些？

班级管理在学校统一管理的前提下，主要管好以下几方面工作：

（一）对学生思想品德教育的管理；

（二）对学生学习的指导；

（三）对学生参加生产劳动的管理；

（四）对学生课外活动的管理；

（五）对学生体育、卫生的管理；

（六）对教室设备的管理；

（七）生活指导。

此外，班级管理还包括对班级各项工作进行有效的规划、组织、指导和控制，以求得班级管理工作的最优化。

三十四、如何制定班级工作计划？

班级工作计划是开展班级管理工作之前预先拟定的具体要求、内容、步骤和方法。它是班主任工作的起点和归宿，也是班级管理的准绳、依据和重要手段。

（一）制定班级工作计划的基本要求

1. 要有正确的方向性。它的主旨是符合教育规律，符合社会正确方向，符合学生全面发展的目标，以引导学生健康成长。

2. 要有前后的连续性

3. 要有不断的创造性

4. 要有切实的可行性

5. 要有完成的可能性

（二）班级工作计划的基本内容

1. 班级基本情况分析

2. 确定班级管理目标

班级管理目标是班级管理活动所要预期达到的结果，或预期完成的具体任务。它是班级计划的核心，是班级管理活动的出发点和终点。

3. 完成计划的具体措施

班级计划的具体措施包括：完成计划的具体责任者、活动范围、活动时间、活动安排、活动方法、活动所要达到的目的要求、与其他活动的协调等。

4. 实施计划的检查和评估

在班级计划中应写清楚评估和检查的方式、时间、责任人和奖惩的办法。

三十五、如何进行班级工作总结？

班级工作总结是做好班级工作的需要，也是管理和教育学生的重要手段。班级工作总结的质量如何，直接影响到班级工作计划的进一步开展，也最终影响班级管理水平的提高。

（一）班级工作总结的基本要求

1. 要以班级工作计划所制定的目标为标准

班级工作总结是与班级工作计划相对应的，要有据、有理、有内容，必须以班级工作计划为基准。

2. 要让学生参与班级工作总结

班级工作总结既是对前一段班级总体工作或某项工作的检查和评估，也是下一轮班级工作的开始。为了调动学生参与班级工作的积极性，增强学生的主人翁责任感，应该让学生参与。

3. 要用"两点论"的思想作指导

班级工作总结要以"两点论"的思想为指导，既要总结成绩，也要分析不足，并从中汲取经验教训，以利于今后工作的开展。

（二）班级工作总结的基本内容

1. 回顾班级工作计划，明确工作总结的指导思想

要对班级工作进行回顾，重温计划的目的和要求，并以此作为总结的依据。

2. "由下而上"，做到学生与班主任相结合

要把学生的总结与班主任的总结结合起来，形成由下而上，上下结合，最后由班主任汇总，形成比较全面的、深刻的班级工作总结。

3. 宣传典型，确定努力方向

宣传、学习和树立典型学生要坚持实事求是的原则，要恰到好处，留有余地。要通过总结使学生进一步明确今后努力的方向，以推动班级工作向前发展。

三十六、学生操行评定的基本要求是什么？

学生操行评定，是班主任工作的组成部分之一，是德育评价理论指导德育评价实践的重要环节。它具有导向功能、强化功能和调节功能。对于学生来说，通过操行评定可以衡量自己所达到的实际水平，学会正确地评价自己和别人，激励自己发扬优点，克服缺点、弱点，不断进步。对于学生家长来说，通过阅读操行评定，能更全面、更客观地了解自己的孩子，增加对班主任的信任感，更好地与班主任配合，共同教育好孩子。

一份小小的操行评语，既是教师对学生在一定时期内行为表现的书面鉴定，也是对师生相处、相亲、相知程度的检查；既是教师教育思想和行为观念的体现，也是教师教育机智和能力水平的展示。

教师在对学生进行操行评定时，应遵循以下几点要求：

（一）称呼具有亲近感。要以谈心式写法为主，用第二人称的"你"来代替以往的"该生"，使评语直接面对学生，用学生自己熟悉的语言、

知心朋友的口吻、长辈的爱抚来打动学生，引起情感上的共鸣，使师生双方能在愉悦宽松的气氛中"交谈"，产生情与情的交流，心与心的交融，这样学生读起来有一种亲切的感觉，就会对老师产生一种亲近感、信服感，就会乐"听"，乐"行"。

（二）言辞具有恳切性。"尊重"为先，"诚恳"为上，是写好评语的重要前提。即使涉及学生的一些"原则性"的问题，也应思之再三而后慎重落笔，多一些"和风细雨"，以"诚"润其心田，以"理"沁其肺腑。这样，情理交融，既能使其知错，又能将其改错付诸于行，增强评语的育人功能。

（三）评价面宽，针对性强，突出学生的个性。教师要审视学生的各个方面，发现他们的突出点，抓住其主流，写出立体感，以避免千篇一律，面面俱到。这样，既有利于指导学生正确地认识自己，也有利于学生有重点地去努力。

（四）内容具体，以激励为主。操行评语的内容要改变过去"诊断书式"的评语，而多采用"心理激励式"的评语。要多写学生的"闪光点"，当写到"动情处"时，可"点睛"几笔寄予厚望，以激发学生前进的动力，促其向良性转化。这些看似微不足道的"闪光点"往往隐藏着一种良好的教育契机，可能影响到学生的一生发展。为此，教师要把自己的热情及对学生的关爱和赏识融于评语之中。做到"评之以情、语如其人、重在激励"，把操行评语写"实"，写"活"，写"美"。

三十七、如何开展好班会活动？

班会是以班级集体为单位、以一定的目的为指向对学生进行教育和开展工作的有效形式，也是学生进行自我教育的有效形式。

（一）主题班会的确定与设计

1. 确定主题班会的原则。教育性原则、针对性原则、创造性原则。

2. 确定主题班会的步骤。

①了解学生的身心发展特点，掌握学生的现实状况。

班主任要摸清学生的实际情况，抓住当前需要解决的主要问题，确定有针对性的班会主题。

②拟题酝酿，调动学生的积极性。

班会主题的拟定应是具有普遍性的问题，能够使大多数学生从活动中受到启发和教育。

③博采众长，集思广益，确定主题。

确定的主题既要符合当时的形式和学校教育工作计划的要求，又要结合学生的思想实际、年龄特征和班集体中存在的普遍性问题，使活动能切实地起到解决学生中普遍存在的、有代表性的典型问题的作用。

④偶发事件的主题确定。

面对偶发事件，班主任要灵活机动，反应敏捷，果断决策，及时确定主题。

3. 主题班会的种类。季节性主题、问题性主题、模拟性主题、知识性主题、系列性主题、即兴性主题和实践性主题。

（二）主题班会的准备与实施

1. 做好充分的准备工作

准备分为精神准备和物质准备。精神准备就是让学生了解主题班会的内容和形式，使学生积极地投入到准备活动中去。班主任还应对活动中可能出现的突发事件有一定预见性的准备。物质准备就是为主题班会的成功举办准备各种设备、材料、用具等，包括环境的布置。

2. 采取灵活多样的组织形式

班主任要根据班会内容的需要，选择形式多样、生动新颖，能发挥最佳效能和最富有教育意义的形式。主题班会的形式主要有：主题报告会、演讲、竞赛、讨论、野外活动、文艺表演等。

3. 布置活动场所的环境

班会活动要讲究环境的布置，创设为主题服务的特定情境，使学生能受到气氛的感染、情境的熏陶，并领悟出班会的教育意义。

4. 班主任对班会的指导

班会的计划、组织与实施是学生在班主任的指导下进行的，班主任的指导作用是通过学生的活动体现出来的。

①班会的内容和形式的指导

②班会的计划与准备的指导

③班会组织过程的指导

在整个活动过程中，班主任既要组织领导，又不能包办代替，让学生放任自流。要针对活动过程出现的问题和遇到的偶发事件进行具体指导，必要时把握方向进行启发、诱导，以保证班会活动的主题目的性和预期的教育效果。要充分发挥学生的自主性，体现学生的主体作用。

三十八、班主任工作评价的内容和评价指标包括哪些?

班主任工作评价是教育评价的一部分，是以一定标准对班主任的工作过程（工作职责）、班主任的工作效果（学生质量）、班主任自身的素质给予价值上的判断。

（一）班主任工作评价的内容

班主任工作评价的内容包括：班主任工作职责（工作过程）、班主任工作效果（学生质量）、班主任自身素质三个方面。

1. 对班主任工作职责的评价

①对学生的身心发展特点及教育契机的了解情况

班主任要了解学生的个性差异，注重个别教育。它包括两个基本方面：一是了解班级学生情况；二是了解学生个别情况。

②班级组织工作情况

班级组织工作主要有班集体的建立，教师、家长集体的建立等，其具体职责有：

——班集体是否有明确的奋斗目标，班主任与学生是否都有明确的目标意识和实践目标的作为；

——班集体是否形成积极健康的舆论氛围，正面舆论的强弱情况；

——班集体是否形成领导核心和骨干队伍，学生与班委会的关系是否正常；

——班集体是否形成良好的班风，学生在班集体中是否积极向上、精神焕发；

——班集体是否团结友爱，令行禁止；

——班主任在班集体中的威望；

——班主任与科任教师及学校其他部门的协调情况；

——班主任联系家长、联系社会、形成"教育合力"的工作情况。

③班级管理工作情况

班级管理主要体现在班主任对班级的日常管理方面，包括：

——班级管理是否目标明确、实施坚决、检查及时、反馈调整；

——是否创设良好的教育环境；

——是否培养学生的自主性，班内学生人尽其才，发展个性；

——是否及时丰富、积极有效地对学生进行社会信息教育和适应社会能力的教育；

——班内外人际关系是否和谐。

④开展班级活动情况

班主任开展班级活动的工作职责主要有以下几方面：

——活动主题是否符合教育目标、针对学生实际；

——活动内容是否具有趣味性、现实性、思想性、知识性、教育性；

——活动形式是否丰富多样，具有创新性；

——活动成员的主动性表现如何，学生在活动中是否都能表现出主体性，是否发挥了学生的兴趣、爱好、特长；

——班主任对活动的组织、开展、实施、总结等过程的指导；

——活动的效果及影响。

⑤进行班级具体教育情况

班主任对班级进行具体教育包括：指导学生的学习、促进后进生的转化、树立先进的典型等。具体工作主要有：

——对学生进行思想、政治、道德教育和心理健康教育，并要有内容、措施、步骤、效果和总结；

——指导学生的学习要有措施和学生提高学习质量的表现；

——班主任对个别学生的教育和转化工作。要有后进生的现实状况和以前表现的详细资料，对其转化工作要有具体、详细的方式和渠道；

——树立班级先进学生典型，确定班级榜样；

——班主任对学生进行正面教育，尊重学生，严格要求，建立民主平等的关系。

⑥工作表现、工作负荷情况

班主任工作表现，一般指在班级管理、领导和教育班级学生、开展班级活动等方面的表现，同时也指班主任履行职责时职业道德的表现，以身作则及公正无偏的表现等。

班主任工作负荷，主要是指班主任工作负担量和出勤。其评价主要考查班主任所承担的常规教学任务、班主任工作计划、班主任工作总结、学生操行评定、为学生服务等工作，以及社会教育义务、出勤等情况。

2. 对班主任工作效果的评价

评价班主任工作效果就是要考查班级学生的质量，考查整个班级学生德、智、体、美、劳诸方面的情况。

3. 对班主任自身素质的评价

对班主任素质的评价，一是评出提高班主任素质的方向、内容、方法；二是评出提高班主任素质的依据。班主任素质主要包括以下几方面：

①品德素质。班主任的社会责任感、思想政治觉悟；政治理沦水平和修养；教育思想、态度；师德修养、师表作用。

②智能素质。包括：深厚的专业基础知识和广博的知识面；教育理论知识和教育科研能力、观察和表达能力、教学能力、分析解决问题和实际动手操作能力。

③身心素质。包括：身体语言的能力、身心自我调控能力、身心健康、卫生保健与心理关怀的知识和能力、个性倾向性（审美情操）、意志品质与性格特征。

此外，班主任在工作中所取得的突出成绩或贡献，如：班级获得的荣誉称号、班主任获得的荣誉称号、经验交流材料、公开发表的论文或著作等，是对班主任工作的重要肯定，也应成为一项重要的评价内容。

（二）班主任工作评价的指标体系

班主任工作评价的指标体系，体现了对班主任工作质量的全面要求。评价的指标体系要反映评价标准对评价内容的权重分配。如图：

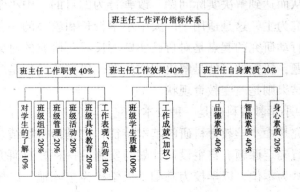

三十九、中小学教育科研的科学定位是什么?

（一）中小学教育科研以应用研究为主

根据中小学教育科研的目标、任务以及自身特点，它以应用性研究为主，直接解决教育、教学和教育改革中的实际问题，注重研究的实用性、可操作性、效益性和灵活性，其研究成果直接为教育改革服务，为教育教学工作服务，为提高教育质量服务。

（二）中小学教育科研以微观研究为主

中小学教育科研，对一所学校的研究来说，主要以微观研究为主。微观研究是针对教育领域中的某个实际问题进行具体细微的研究，它具有单一性和灵活性的特点。如校本课程、活动课程、研究性学习课程和心理健康教育等研究，其研究范围小，问题集中、明确，容易收到效果。

（三）中小学教育科研更多的是一种教学研究

教学工作是学校的中心工作，它是全面贯彻教育方针，推进素质教育，实现培养目标的主阵地、主渠道，一切学校工作都应以教学为主。从这个意义上说，中小学教育科研主要是一种教学研究，它要求教师结合教育教学实践工作开展科学研究，努力提高教育科研意识和教学研究能力。

（四）中小学教育科研以行动研究为主

行动研究是从实际工作需要中寻求课题，在实际工作过程中进行研究，由实际工作者和研究者共同参与，使研究成果为实际工作者理解、掌握和实施，从而达到解决实际问题、改善行为的目的。中小学教育科研主要以行动研究为主，这是适用于广大中小学校长和教师的一种行之有效的研究方法。行动研究的起点是对自己实践的反思，研究的对象是教育现实中的具体问题，研究的目的是解决现实问题，研究的过程是为改善实践工作，研究的结果则是改变教育现状。

（五）中小学教育科研是一种校本研究

校本研究是中小学教育科研的基本特征，它是指密切结合学校工作实际，学校自行确定课题、自主设计计划与实施的一种教育研究活动。校本研究是以学校为本位、以学校为基础、以学校为主阵地、以校长和教师为主体的研究活动。在校本研究中，校长、教师都是研究者，都要自觉地承担起教育研究的职能。校本研究的直接结果是学校工作实践的改进，研究的出发点是学校工作遇到的问题，归宿点应体现在学校面貌的改变、师生员工的发展上。

四十、中小学教育科研的实施过程

（一）课题的选择与研究设计

课题选择是教育科研工作的起始阶段，是指经过选择来确定所要研究的中心问题。

1. 选题的方法

（1）课题来源。教育改革发展与教育现实之间的矛盾是科研课题的主要来源，各级教育科研管理部门制定的"教育科研规划课题指南"是科研课题的重要来源。

（2）选择类型。中小学教育科研课题基本上属于应用性研究范畴，可分为四种类型：一是描述性课题，是对研究对象的真实情况进行具体描述，多采用调查研究法进行研究。二是因果性研究，研究的目的在于提示教育现象间的因果关系，可以通过个案研究、对比研究和实验研究来进行。三是迁移性研究，是将新的教育理论或结论在实践中加以应用和推广的研究，多采用对比调查或实验的研究方法。四是理论性研究，它是应用性的理论研究，具有经验概括的特点。

（3）课题表述。选题报告一般包括五部分内容：课题名称、主题词、选题的意义、研究的重点、预期的研究成果。

（4）严密论证。研究者要依据翔实的资料，以齐全的参考文献和严密的分析来支持自己关于课题的主张。研究者要提供书面论证报告，以征求专家的意见。书面论证报告一般包括以下内容：①课题名称、课题负责人及课题组主要成员；②课题研究的目的和意义；③课题研究的重点和难点；④有关本课题的国内外研究状况，预计该课题可能的创新；⑤课题研究的初步计划；⑥完成课题的可行性分析；⑦预计课题研究成果的形式；⑧课题完成的时间。课题论证后，对专家的意见要认真的分析和梳理，抓住关键点，修订研究计划，制定研究方案。

2. 研究的构想与设计

（1）提出研究假设。假设的形成一般需要三个步骤：①在搜集一定的事实、资料基础上，提炼教育问题；②寻求教育科学理论支持，形成初步假设；③推演出课题相关因子间的理论陈述，形成可能性的研究结论。

（2）选择研究方法。从研究过程的阶段性来划分，可分为选择课题的方法、查阅文献的方法、研究设计的方法、测量的方法、搜集资料的方法、统计分析的方法、拟定研究报告的方法等。从课题研究的时间跨度来分：可以分为纵向研究和横向研究。从研究的性质和手段来分：有历史研究法、个案研究法、观察法、调查法、教育实验法、经验总结法、教育测量法等。选择的研究方法要有针对性，要根据课题研究的性质，选取最适合的方法。

（3）确定研究对象。确定研究对象就是根据课题的性质和研究任务，通过合理的选择，使研究对象具有典型性和代表性。

（4）分析研究变量。课题研究中的变量按其相互关系分为自变量、因变量和无关变量。

3. 形成研究方案

（1）课题研究方案的格式

①简明具体的表述课题名称；②简要说明课题研究的目的和意义；③阐述课题研究的基本内容；④提出课题研究的步骤和方法；⑤预期研究成果的表现形式；⑥交代课题研究人员结构及课题管理措施；⑦进行必要的研究经费预算；⑧参考文献。

（2）专题研究方案的格式

①课题研究的目的和意义；②课题研究的主要内容；③本课题国内外研究的现状，预计可能的突破；④完成课题研究的条件分析（包括人员结构、资料准备、科研手段等）；⑤课题组的分工情况；⑥主要研究阶段及研究成果形式；⑦经费预算；⑧参考文献。

（二）教育科研资料的搜集、整理和分析

1. 教育科研资料的搜集渠道主要有图书馆、个别交流、学术会议和上网查询等。

2. 一般课题研究过程的常规性资料分类有：计划性资料、基础性资料、过程性资料、专题性资料、效果性资料、总结性资料。

3. 教育科研资料的分析有：逻辑分析、数学分析、定性与定量分析的综合。

（三）教育科研成果的表述

教育科研成果表述的主要类型有教育调查报告、教育实验研究报告和学术论文。一般要经过提炼主题、选择材料、编拟提纲、撰写初稿、修改定稿等步骤完成。

1. 教育调查报告的格式

教育调查报告由题目、前言、正文、结论或建议、附录五部分组成。

题目。用来说明调查研究的主要问题，可加副标题。副标题是对主标题的补充，用来说明在什么范围内基于什么问题的调查。

前言。一要说明调查的是什么问题，调查此问题的缘由和背景，调查的筹备过程，主要调查的内容，国内外对同一课题的研究概况以及此次调查的意义和价值。二要说明调查的基本情况：调查的时间、地点、对象、范围、取样及调查的方式方法。三要对本次调查的有利因素和不利因素作简要分析。

正文。正文部分即调查内容。通过叙述、调查图表、统计数字及有关文献资料，用纲、目、项或篇、章、节的形式把主题内容有条理地、准确地揭示出来。

结论或建议。对整个调查内容进行总体的定性、定量分析的基础上，概括出事物的内在联系和规律，并提出新的见解、新的理论和参考意见。

附录。把调查工具或部分原始材料附在报告后面。附录包括：各种调查表格、原始数据、研究记录等。

2. 教育实验研究报告的格式

研究报告是对整个教育实验研究的全面总结，其基本结构包括题目、摘要、问题的提出、研究目的、研究方法、结果、讨论等部分。

题目。必须能准确、清晰地呈现出研究的主要问题，指明研究的主要变量。

摘要。摘要是对研究报告重要内容的概括和总结，它要简洁地交代研究的问题、理论假设、选取的被试、研究方法、结果与结论，一般写 200 字左右。

问题的提出。本部分还可以写成导言、引言、绪论等。主要内容包括：①研究问题的性质，赋予研究问题的操作定义，说明研究的内容及其理论意义和实践意义；②文献综述，即对以往研究的回顾，国内外相关研究的状况，尚存在的问题，未研究的领域，以及以往研究与本次研究的内在逻辑关系；③提出本研究的假设和本研究所要解决的问题。

研究目的。①通过研究揭示出的教育规律或建构的教育教学模式；②研究对象的发展变化；③实施的教育策略或对教育教学改革方面的促进作用。

研究方法。基本内容包括：①被试的条件、数量、取样的方法；②具体的研究方法；③材料与研究实验的设计，实验组与控制组情况，研究的自变量因素的实施条件控制等；④研究设计与程序，研究的具体步骤与要求，无关变量的控制等；⑤评分标准与统计方法。

结果。本部分要写明经定性、定量分析所得到的结果。对研究中所搜集的原始数据、典型案例、观察资料，最好运用图、表直观地表达数据资料，要交代差异检验，以说明数据的可靠性，并表明研究的结果或得出的结论。

讨论。基本内容包括：①对研究结果进行理论上的分析和论证；②对研究方法的科学性和局限性的探讨；③提出可供深入研究的问题以及本研究中尚未解决今后需要进一步解决的问题，对未来的研究以及如何推广研究提出建议。

参考文献和附录。报告的末尾，应注明研究报告中直接提到的或引用的资料的来源。

四十一、中小学教育科研的基本阶段是什么？

一个完整的教育科研过程有以下几个基本阶段：选定课题、查阅资料、制订计划、实际运作、表述成果和评估转化。

（一）选定课题

选定课题时，一要关注实践。就是关注教育教学实践中出现的新情况、新问题，特别要关注与各种社会热点相联系的教育现象。二要关注理论。就是关注理论研究的新进展，特别要关注与学术界各种研究热点相联系的理论问题。

（二）查阅资料

课题确定后，要认真地查阅与此课题相关的国内外研究资料、检索文献，详尽地占有文献资料。

（三）制订计划

教育科研计划一般包括：课题的界定与表述，课题研究的目的、意义，课题研究的指导思想、原则，课题假说，课题研究的范围，课题的主要材料来源，课题研究的步骤、方法和时间，课题研究成果及其表现形式，课题研究的组织与管理、经费预算等。

（四）实际运作

1. 要确定研究对象。2. 要围绕理论假说，去观察、测量和分析。3. 要依据研究计划和方案，科学、规范地开展研究活动。

（五）表述成果

教育科研成果的表述应该具有科学性、创新性和规范性。它可以是文字型的研究成果，如研究报告、研究论文等。也可以是非文字型的研究成果，如声像成果、实物成果、现场展示等。

（六）评估转化

成果评估一方面有助于对研究成果的科学性、创新性、应用性作出价值判断，有助于研究成果的进一步修正、改进与完善。另一方面是为研究成果的转化奠定基础。教育科研成果可以转化为教育思想、教育观念、教育决策方案和教育工作者的实际行为，也可以转化为课程、教材、教学软件、教育技术等物化产品。为此，中小学校长和教师都应提高教育科研成果的转化意识，使科研成果更好地服务于教育实践。

四十二、常用的教育科研基本方法有哪些？

（一）观察法，是在自然条件下有目的、有计划地观察客观对象，收集、分析事物感性资料的一种方法。

观察法的种类有：描述记叙法（日记描述法、系列记录法、轶事记录法、持续记录法）；取样观察法（时间取样观察法、事件取样观察法）；等级观察法（数字量表法、图示量表法、累计评定法）；间接观察法（炎话法、活动产品分析法、创设情境法）。

（二）实验法，是在人为的严密的控制条件下，有计划地逐步操纵实验变量，观测与这些实验变量相伴随的现象的变化，探究实验因子与反映现象之间的因果关系的一种方法。

实验法的种类有：实验室实验与现场实验（自然实验）；前实验、准实验和真实验。

（三）问卷法，是研究者把要研究的主题分为详细的纲目，拟成简明易答的一系列问题，编制成标准化的问卷，然后根据收回的答案，进行统计处理，得出结论的方法。

问卷法的形式有：开放式问卷和封闭式问卷。

问卷的一般结构包括：标题、前言、指导语、问题、选择答案和结束语。

（四）测验法，就是通过心理与教育测验来研究心理与教育活动规律的一种方法，即用一套标准化题目，按规定程序，通过测量的方式来收集数据资料。

测验的种类有：按测验的功能分为能力测验、学绩测验、人格测验；按测验方式分为个别测验、团体测验；按测验材料分为文字测验、非文字测验；按测验的目的分为预测性测验、形成性测验、总结性测验、难度测验；按测验的参照系分为常模参照测验、标准参照测验；按测验的运用分为教育测验、职业测验、临床测验。

（五）经验总结法，是指在不受控制的自然状态下，依据教育实践所提供的事实，分析概括教育现象，使之上升到教育理论高度的一种普遍采用的有效方法。

（六）统计分析方法，就是对观测、调查和实验所搜集到的数据资料进行整理、计算、分析解释和统计检验的原理和方法。

四十三、中小学教育科研管理的内容及过程是什么？

（一）中小学教育科研管理的内容

1. 教育科研的计划管理。学校要认真制定开展教育科研工作的总体计划，对开展教育科研工作的目的、任务、重点、措施等要有明确具体的安排。在总体计划的指导下，学校教科室要制定具体的实施管理计划，各课题组要制定相应的研究计划，后勤组要制定保证教育科研工作顺利开展的服务计划，从而形成教育科研管理的计划体系。

2. 教育科研的组织管理。一要成立教育科研领导小组。由校长任组长，副校长、教导主任、教科室主任、教研组长等为成员，全面负责学校教育科研的管理工作。二要成立教科室，对教育科研工作实施具体管理。三要成立教育科研重点课题研究小组，并组织专人进行研究。四要发挥教研组、年级组在教育科研中的作用。

3. 教育科研队伍管理。要重点建设好四支研究队伍：①教育管理研究队伍。以校长为首，中层干部、年级组长和教研组长参加，形成教育管理研究的合力。②德育研究队伍。以分管德育副校长、政教主任为首，全体年级组长、班主任、任课教师参加，形成德育研究的合力。③教学研究队伍。以分管教学副校长、教务主任为首，全体教研组长、任课教师参加，形成教学研究的合力。④课题研究队伍。以分管教科研副校长、教科室主任为首，学校领导和骨干教师参加，形成以课题研究为中心的教科研整体合力。

4. 教育科研的课题管理。要对教育科研课题实行科学化和规范化的管理，主要包括：①实行多口归一的层级规范管理；②实行全程监控的过程管理；③实行科学有效的评估管理；④实行课题档案的科学管理。

5. 教育科研的制度管理。要建立健全各种科研管理制度，如：科研规划制度、目标考核制度、监督检查制度、经费资助制度和表彰奖励制度等。

（二）中小学教育科研管理的过程

1. 计划。中小学教育科研计划的内容包括：长期规划和近期目标、指导思想和课题管理、研究进程和质量要求以及保证措施等。

2. 实施。一要坚持正确的研究方向，明确课题研究的意义，组织和培训科研队伍。二要具体落实研究任务，职责明确，分工到人。三要及时了解课题的进展情况和研究质量，加强过程性指导，并利用信息资源共享来解决研究过程中遇到的问题。四要提供课题研究所需的物质条件，以确保研究任务的顺利完成。

3. 检查。①检查科研工作是否按计划进行；②检查计划的科学性和可行性；③检查科研计划执行情况。

4. 总结。教育科研的成果管理，主要是对研究成果的总结、鉴定和应用。

四十四、什么是信息技术？什么是教育信息化？

信息技术（Information Technology，简称 IT）就是能够扩展人类信息器官功能的技术，也是人类处理信息的技术，即人类实现信息获取、传递、加工、存储、再生和施用的技术。包括感测技术、通信技术、智能技术和控制技术等内容。20 世纪后半叶迅速发展起来的计算机技术，使得智能技术日趋成熟，成为现代信息技术的核心。

教育信息化，就是将信息技术应用到教育决策、教育管理、教育研究、教育过程、教育评估等教育的各个方面。教育信息化，就是要在信息技术的平台上，构筑一个全新的、现代化的教育模式。

四十五、教育信息化的基本任务是什么？

教育信息化有四项基本任务：建设教育信息网，建设教育信息资源库，建设教育信息化师资队伍，建设教育信息化管理体制。简称为四建：建网、建库、建队伍、建体制。

四十六、中小学普及信息技术教育的两大目标是什么？

中小学普及信息技术教育的目标之一：开设信息技术必修课程，加快信息技术教育与其他课程的整合。2001 年年底前，全国普通高级中学和大中城市的初级中学都要开设信息技术必修课。2003 年年底前，经济比较发达地区的初级中学开设信息技术必修课。2005 年年底前，所有的初级中学以及城市和经济比较发达地区的中小学开设信息技术必修课，并争取尽早在全国 90% 以上的中小学开设信息技术必修课。

中小学普及信息技术教育的目标之二：全面实施中小学"校校通"工程，努力实现基础教育的跨越式发展。用 5 至 10 年的时间，加强信息基础设施和信息资源建设，使全国 90% 左右独立建制的中小学校能够上网，使中小学师生都能共享网上教育资源，提高中小学的教育教学质量。

四十七、教育信息化与素质教育有何关系？

教育信息化是全面推进素质教育的要求。

首先，素质教育的培养目标要求教育必须走信息化道路。素质教育的培养目标是培养德、智、体、美全面发展，具有高度创新和实践能力的高素质人才。在知识经济时代，信息素养已经成为科学素养的重要基础，是影响一个人创新能力和实践能力的重要因素。在过去的十年中，发达国家已经开始把注意力放在培养学生一系列新的能力上，特别要求学生具备迅速地筛选和获取、鉴别、加工和处理信息的能力，并把学生的这种能力作为与读、写、算一样重要的新的终身有用的基础能力。

其次，素质教育的教育内容也要求教育必须走信息化道路。素质教育与应试教育在教育内容上的根本区别在于，应试教育的教育内容以知识为中心，而素质教育的教育内容强调以能力为中心，强调训练学生掌握学习方法，学会学习知识、更新知识的方法，变"学会"为"会学"，变被动的接受型学习为主动的探索型学习。这种训练，一方面应当让学生在实践中学会收集、整理、处理信息；另一方面，必须为学生提供接触大量信息的环境、广泛收集信息的自由空间，大大地提高学习选择的自由度。教育信息化为学生提供一个信息化的学习环境，为新型的教育模式提供强有力的技术支持，使因需学习、因材施教成为可能。

四十八、什么是信息技术与学科课程整合？ 课程整合的意义是什么？

所谓信息技术与学科课程整合，就是把信息技术与学科教学有机地结合起来，将信息技术与学科课程的教与学融为一体，将信息技术作为一种工具，提高教与学的效率，改善教与学的效果，改变传统的教学模式。

信息技术与学科课程整合可以从根本上改变传统教和学的观念以及相应的学习目标、方法和评价手段。通过课程整合，应用信息技术对教育体系、内容、方法和手段进行全面的改革，为全面推进素质教育服务，积极探索应用信息技术，培养学生创新精神和实践能力的方法和途径，发挥信息技术对教育的变革性的推动作用。

四十九、学科课程整合课与传统课有哪些区别？

整合课与传统课的区别主要表现在以下几个方面：

（一）方式不同

传统课的教学方式以教师导向为主，整合课以学生探索为主。

（二）教学策略不同

传统课的教学策略以教师说教性讲授为主，整合课以交互性指导为主。

（三）教学内容有所不同

传统课的教学内容是单学科的固定教学模块，整合课通常是带真实任务的多学科延伸模块。

（四）学生的学习方式不同

传统课学生的学习方式以学生的个体作业为主，整合课强调协同作业的学习方式。

（五）教师所扮演的角色不同

传统课教师充当的是知识的施予者，而整合课教师的角色是学生学习的帮促者。

（六）教学的组织形式不同

传统课通常将学生按能力同质分组，整合课采取异质分组。

（七）教学评价方式不同

传统课通常是针对学科知识点和离散技能进行评估，整合课强调基于绩效的评估方式。

五十、学前素质教育的内容、特点、原则、途径与形式是什么？

学前素质教育是以开发学前儿童的身心潜能，完善和提高儿童素质为根本目的的教育。它通过科学的保育和教育途径，充分发掘儿童的天赋条件，提高儿童的各种素质水平，并使其得到全面、充分、和谐的发展。

（一）学前素质教育内容

1. 生理素质教育。①保证儿童身高、体重、骨骼及神经系统的正常发育；②生理机能上，如反应刺激的灵敏性、速度、负荷限度上达到规定标准；③能够适应生活及学习环境；④营养状况良好。

2. 体能素质教育。①具有普遍的抵抗能力：抗寒、抗热、抗湿、抗疾病能力等；②具有初步的运动能力：走、跑、跳的能力和力量、耐力等；③具有一定的协调能力：各种动作的平衡能力和柔韧性、速度、灵敏度等。

3. 社会性素质教育。①有初步的社会知识：家庭、家乡、本民族、国家的传统文化、现代文化知识和异国文化知识、好奇心、求知欲等；②亲社会情感：初步的爱心、同情心、责任心、对待家人与周围的人和事及环境的情感；③有良好的卫生与文明礼貌的行为习惯，有初步的集体意识、规则意识、任务意识和自立意识；④有良好的性格、与人交往的能力与良好的自我意识：自信、自尊、自立、自强、自律、自控、自爱（自我保护），以及勤俭、谦让、诚实、勇敢、活泼开朗、积极进取的精神。

4. 才智素质教育。①有初步的自然与科学知识；②具有良好的认知能力：注意力、观察力、记忆力、想象力、思维能力、初步的创造力以及对新事物的敏感性等；③语言正确，具有一定词汇量，语句基本符合语法规则；具有接受、理解语言和用语言表达自己愿望的能力；具有结合生活与实物认识一些汉字的能力；有阅读儿童读物的兴趣和习惯；④培养初步解决问题的能力（综合性活动能力）、适应能力、合作能力、评价能力·（评价自我、评价他人）、获取信息能力（看电视、打电话、与人交谈等）、辨别是非的能力、解决同伙伴间冲突的能力等。

5. 审美素质教育。①初步体验、感受、理解与追求生活与自然界、社会、艺术中美好的情感与事物；②具有初步表现美的愿望与能力（唱歌、跳舞、绘画、泥塑、朗读等）；③具有初步辨别美丑的能力（判断与选择的能力）。

（二）学前素质教育的特点

1. 全面性。学前素质教育应以促进幼儿的全面发展为出发点，即着眼于提高幼儿的整体素质。

2. 基础性。学前期是人的各方面素质开始形成的时期，必须在这一时期奠定儿童初步的素质基础。学前素质教育的着力点首先应放在幼儿良好习惯的培养上，它为孩子夯实了做人、成才的基础。

3. 未来性。学前素质教育要把培养幼儿的独立性、创造性作为着力点。

4. 活动性。幼儿教育在保育和教育过程中要尽可能地为孩子提供时间、空间和机会，让孩子主动地活动，生动活泼地发展，支持、鼓励他们去探索，为他们提供宽松的、自由自在的、充满激励的氛围和条件。

（三）实施学前素质教育的原则

1. 主体性原则，是指在实施学前素质教育的过程中要真正落实学前儿童的主体地位，尊重并唤起儿童的主体意识，充分调动和发挥儿童的主动性、积极性和创造性，促使他们主动、自觉、生动、活泼地学习和成长。

贯彻主体性原则的基本要求是：

①建立平等和谐的师生关系。教师要真心地关爱、尊重、体贴和信任孩子，把他们当成朋友；要多采用启发、诱导的方法鼓励幼儿活动；要注意保护幼儿的自尊心和自信心，不要轻易地指责、批评孩子，更不要讽刺、挖苦、体罚孩子。

②要充分调动幼儿的主动性、积极性和创造性。学前素质教育的一个核心问题是启发幼儿主体主动性、积极性、创造性地建构自我。为此，教师在教育教学中的主导作用应体现在观察、了解幼儿，为幼儿创设适宜的发展机

会和条件，让他们自己去想、去说、去观察、去发现、去操作、去得出结论、去分析解决问题，最大限度地调动幼儿学习和发展的主观能动性。

2. 全体性原则，是指在保育教育过程中面向全体儿童，把教育落实到每个孩子身上，给每个孩子以最需要和最适合的教育。

贯彻全体性原则的基本要求是：①要更新教育观念。教师要树立面向每一个幼儿的每一方面发展的教育观念，要树立"不求个个拔尖，但要人人成才"的观念，促使每个幼儿在原有基础上都得到发展；②要正确理解并真正实施"面向全体"。面向全体就是要求教师心中装着所有的儿童，不能重视一部分儿童的发展而忽视或压抑另一部分儿童的发展；要把每一个孩子都作为自己关注和精心培养的对象，给每个孩子都提供适合他们成长的机会和条件，在深入了解他们的思想、兴趣、爱好、才能、倾向和各方面发展水平的基础上，对每一个幼儿实施有效的教育。同时，教师还要善于发现和捕捉每一个幼儿的"闪光点"，不使一个幼儿成为"被遗忘的角落"。

3. 全面性原则，就是要求在教育教学过程中对幼儿进行体、智、德、美全面发展教育，不能有所偏废，并要注意各项教育的相互影响和相互渗透，使幼儿身心各方面都得到比较均衡的发展。

贯彻全面性原则的基本要求是：①要增强对全面发展教育内涵的理解。在体、智、德、美任何一方面的教育目标中，都要包括对幼儿进行"知、情、行、意"四方面的培养，也就是对幼儿认知、情感（个性、社会性）、行为、意志方面的要求，不能重认知轻情感、行为和意志；②要合理地综合组织各方面的教育内容，注意各方面教育内容的相互渗透和整合。

4. 发展性原则，是指学前素质教育要把促进每个幼儿身心全面和谐发展作为教育的出发点和归宿。要以发展的眼光看待幼儿，相信每个幼儿都是有发展潜力的，只要施以合适的教育，都能发展成为社会有用之人。

贯彻发展性原则的基本要求是：①要求制定明确、具体的各层次的教育目标，使目标直接指向幼儿各方面素质的发展；②要合理地组织教育过程，给幼儿提供思考、操作、发展的时间、机会和条件。

5. 差异性原则，是指在学前素质教育的过程中要承认幼儿之间的差异，并根据幼儿的不同特点和需要因材施教，促进每个幼儿在原有基础上最大限度地发展。

贯彻差异性原则的基本要求是：①要认真观察幼儿，了解幼儿。教师要根据幼儿在各种活动中的外在表现，客观地分析他们内在的原因及潜在的素质，找出幼儿间的差异所在，为实施有针对性的教育奠定基础；②要针对不同幼儿的实际情况因材施教。

6. 活动性原则，是指在教育教学过程中要充分认识到活动是幼儿学习的途径、发展的源泉，依据幼儿的天性为他们创设活动的机会和条件，有目的、有计划地引导幼儿在各种活动中提高素质。

贯彻活动性原则的基本要求是：①要为幼儿创设活动的空间、时间和材料。第一，要充分挖掘现有条件的潜力，并注意活动空间布置的教育性、多功能性和幼儿的参与性；第二，要给幼儿提供自主活动的机会和时间，力求做到"活而有序"；第三，要为幼儿提供具有不同操作难度的操作材料，并力求自然、真实、丰富和有序。②激发幼儿的活动动机，提高幼儿的活动水平。

7. 创造性原则，就是在学前素质教育过程中要重视培养幼儿的创造性，创建多种适合不同地区、不同条件、不同幼儿的素质教育模式。

贯彻创造性原则的基本要求是：①要鼓励幼儿大胆创新，并给幼儿提供创造的机会和条件，多给幼儿提出问题，设置情境，启发引导幼儿通过思考来获得知识、解决问题，并保护其创造的积极性和思维的多向性；②要动员和鼓励幼教工作者积极探索，创造出具有中国特色、适应不同地区特点和立园特色的素质教育模式。

（四）学前素质教育的途径与形式

学前素质教育的手段与途径是全方位的，应把设计教学、随机教学与日常生活的教育、幼儿游戏、劳动活动与家庭的合作教育有机地结合起来。在形式上要发挥不同的教育教学组织形式的特点，实现教育目标。如图：

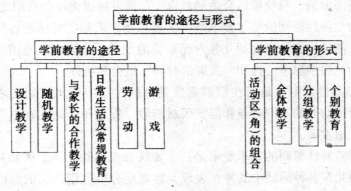

五十一、如何形成幼儿教育的整体观，
　　　实现幼儿教育整合？

幼儿教育整体观，就是要对幼儿教育的各要素进行多样化、多层次的整合。幼儿的身心发展特点和学习特点决定了幼儿教育必须是整体性的教育，教育需要高度的整合。

（一）幼儿教育整体观的要义

根据《纲要》的精神，要求我们用整体性、系统性的思想，形成幼儿教育的整体观，并努力实践这些观念。

1. 幼儿的发展是整体的、全面的，幼儿教育应注重整体性、全面性；

2. 幼儿一日生活中的各种活动都对幼儿发展有重要的价值，应有机地整合各项活动，努力提高各项活动的整体成效；

3. 幼儿园课程的内容可以相对地划分为五大领域，应充分挖掘各领域内部及各领域之间的内在联系，对课程内容进行合理的、有效的整合，幼儿园教育的内容还应该有其他的划分和整合方式；

4. 幼儿园、家庭及社区有丰富的教育资源，应充分发挥各种教育资源的整体性影响；

5. 幼儿园课程实施的方法、形式及手段丰富多样，应有机地、综合地利用这些方法、形式和手段。

总之，在现实的幼儿园教育实践中，强调整体性教育观有利于引导真正符合幼儿身心发展特点的教育，有利于推进幼儿教育质量的提高。

（二）幼儿教育整合的层次和内容

幼儿教育的整合应该是系统的整合，体现出如下层次和内容：

1. 教育观念的整合。它是先导性的整合，只有充分整合各种相关的观念，形成一种与教育整合有关的观念的体系，才能有效地进行整合。

2. 教育目标的整合。它是教育整合的基础。教育目标从总体的目标到现实的活动目标应该是一个整合—分解—整合的过程。教育目标的整合直接影响教育内容的整合，进而也影响教育内容、方法和形式的整合。

3. 教育内容的整合。它是幼儿教育整合的主要表现，也是一种最基本

的整合。教育内容整合的主要表现是使同一个领域的不同方面的内容、不同领域的内容之间产生有机的联系，甚至可以突破领域这一内容组织形式。

4. 教育资源的整合。幼儿园、家庭及社区都有丰富的教育资源，应充分地加以运用，并进行有机的整合，使它们真正协调一致地对幼儿的成长产生积极的、有效的作用。

5. 教育方法、形式及手段的整合。它是在现实的教育活动中进行的整合，是以提高教育的成效为目的，并要避免方法、形式和手段的单一和刻板。

6. 幼儿发展的整合。它是幼儿教育整合中核心的整合，是其他各项整合的出发点和归宿，只有实现了幼儿发展的整合，才能使整体性目标从可能转化为现实，才能促进幼儿的发展。为此，幼儿教育整合中每一项整合都应关注幼儿发展的整合。

（三）幼儿教育整合的策略

1. 把一日生活看做一个教育整体

幼儿的一日生活包括了多种多样的活动，如专门的学习活动、游戏活动及生活活动等，要注意各类活动之间的有机联系，发挥各类活动的互补作用，使一日活动成为一个真正的教育整体。

2. 注意教育内容之间的整合

教育内容的整合涉及两个层面：一是课程中前后内容之间的联系，即内容的纵向关系；二是不同的、相关的内容之间的联系，即内容的横向联系、整合。幼儿教育内容的整合主要是领域内的整合、领域间的整合和超领域的整合（综合课程）。

3. 在现实的、多样化的活动过程中实现整合

要在各种现实的、具体的活动中实现整合，应关注以下方面：

①对活动的开发和创新。活动的开发和创新的基础是对幼儿需要和兴趣的了解，对幼儿原有经验的了解，对幼儿现实生活的了解。在此基础上，提倡幼儿从事探索和发现活动、观察和参观活动、调查和访问活动、查找和阅读活动、交流和讨论活动、感受和体验活动，并引发活动各要素的有机结合，有效地促进幼儿的发展。

②注意活动目标、内容和方法等的生成。

活动目标、内容和方法的生成，就是把计划的目标、内容、方法、形

式和手段等与非计划的、即时性的目标、内容、方法、形式及手段整合起来。

活动的生成，要求营造一个有利于生成的氛围，要求教师有一种生成意识、生成能力，对幼儿的新的需要、新的兴趣、新的发现有接纳的态度。只有这样，活动的生成才能实现，计划的活动和非计划的活动才能整合，幼儿现有的经验才能与新的经验实现结合。

五十二、新《幼儿教育指导纲要》中知识观及其影响下的教育内容含义的变化是什么？怎样理解新知识观的必要性与合理性？

（一）新《纲要》知识观的含义

新《纲要》的知识观，就是通过对教师"做什么、怎样做和追求什么"的要求，将教育内容与环境、教师的任务、儿童的活动、儿童发展融合在一起，它也称为幼儿园课程的知识观。

（二）新《纲要》中教育内容含义的变化

幼儿教育内容具有的"情景化、过程化、活动化、经验化"的特征，以及从重静态的知识到重动态的活动，从重表征性知识到重行动性的知识，从重"掌握"知识到重"建构"知识的变化。

幼儿教育内容含义的变化，反映了时代的要求，儿童终身可持续发展的需要，同时也体现着幼儿学习的特点。

（三）新知识观的必要性与合理性

新知识观对知识的过程性、经验性、建构性的看法，是符合当今社会对素质教育的需求的。同时，幼儿的发展水平和认知特征，使其学习方式更多的是依靠各种实际的活动：游戏、生活、探索、交往，依靠"做中学"。因此，新《纲要》根据新知识观来理解教育内容，突出内容的过程性、活动性、经验性及方法的不可分割性不仅是必要的，也是合理的。

掌握《纲要》所体现的新知识观，不能仅仅依靠教师的"传递"，更需要学习者的主动建构。最好的办法就是支持、引导教师结合自己的教育实践进行反思、分析，通过"价值澄清"逐渐形成自己的认识。

五十三、如何通过反思性实践促进幼儿教师的专业成长?

（一）反思性实践的含义及特点

反思性实践，是指教师在先进的教育理论指导下，借助于行动研究，不间断地对自己的教育实践进行反思，积极探索与解决教育实践中的问题，努力提升教育实践的科学性、合理性，并使自己逐渐成为专家型教师的过程。

反映了教师研究的本质和主要特征，其特点是：为了教育教学研究，在教育教学中研究，通过教育教学研究。

（二）反思教学是教师的专业学习与全面发展的过程

反思性实践是教师研究的过程，是教师对自身教育行为及其效果的分析与思考的过程。教师借助于幼儿在活动中的反应来分析、判断自己所确定的教育目标，选择的教育内容，采用的组织形式，投放的材料以及在教育教学过程中的具体指导策略等的适宜性。为此，反思性实践通常有两种结果：

一是教师行为是适宜的。适宜的教育行为中有些是属于非自觉的、下意识的行为。通过反思，这类适宜的直觉行为就会得到理论明晰与提高，在以后的类似的情境中将成为教师自觉的行为。"直觉行为—自觉行为—内化上升为理论"的过程，很明显地反映出教师专业成长的历程。

二是教师行为是不适宜的。教师要通过反思找出问题的症结所在，其中很重要的是找到这些教育行为背后的教师原有隐性的教育观念，从而引发教师在认知上的冲突和重构，并通过"重返课堂"重新调整活动，来促进幼儿的有效发展，从而验证新认识，不断地使认识水平向更新、更高的层次迈进，达到内化。在这个过程中进一步提升了教师的专业成长。

（三）反思性教学的实施

反思性教学是教学主体（教师）借助于行动研究，不断探索与解决教育实践中的问题，努力提升教学实践的合理性的过程。

在反思性教学过程中，教师对自己教育实践的反思以及探究是至关重要的。教师的专业化的起点，在于愿意去思考问题，并尝试提出自己的改进方案。为此，反思性教学的一般过程为：

1. 对教育教学进行"回顾"，发现和明确问题。探究整个教育教学过程中各个方面（包括目标、内容、组织、教学策略、师生互动等）；

2. 分析问题，寻找问题的症结；

3. 假设一种或多种解决办法、途径；

4. 实践，尝试解决问题；

5. 反思、总结；

6. 发现新问题或提出新假设……

总之，从教师专业成长的角度看，反思性教学可以说是教师的一种自我学习、自我提高；学习的方式是探究式、发现式学习；学习的主体是自己，对象是自己的教育实践；学习过程中的关键环节是"反思"和"探究"。实践（行动）—反馈—调整—再实践（行动）……

在这样一个循环往复的过程中，自身的专业素养和整体水平不断得到提高。

五十四、关于学前教育评价的新理念、功能与目的、方法的介绍

（一）学前教育评价的新理念

1. 在评价中，充分尊重不同背景下的幼儿，承认和关注幼儿的个体差异，避免用划一的标准评价不同的幼儿，在幼儿面前慎用横向比较。

2. 关注幼儿教师成长的评价

教育评价的过程就是反思教学的过程，也是教师自我成长的过程，而反思教学正是教师专业成长的关键。

3. 参与者和手段的多元化

（二）学前教育评价的功能与目的

1. 幼儿园教育的评价应成为教师与幼儿共同成长的过程

学前教育评价的功能正在从甄别、选拔转向促进教育系统中每个人的充分发展。因此，这将引导整个教育评价体系及方法的改革，体现在以下几个方面：

①由静态评价变为动态评价，关注人的学习变化与成长历程；

②机构化评价变为个人化评价，以人的发展为本，因材施教；

③一元评价变为多元评价，使人的潜能得到整体而充分的发展；

④假评价变为真实评价，强调评价的真实情境，注重内在深层智能与品格的发展。

上述评价的这些变化隐含着一个核心思想，即真实的评价，促进人的整体发展。所谓真实的评价，应该是评价的内容及情境与幼儿真实的生活、学习的经验及情境相结合，而不是脱离幼儿真实的生活与学习的情境，采用传统的智力测验的方法来评价幼儿的发展。真实评价的核心线索就是评价与课程、教学要整合，在真实的教与学的情境中评估和了解幼儿的发展与需要，持续地提供适宜的学习支持，促进并引导发展。

作为教育评价还包含着另一层意思，就是对教育过程本身进行的反思性评价。它要求教师既要有对幼儿发展需要的察觉，又要有调控教学过程中各因素的自主性和灵活性，应把教育评价的过程看成是教师与幼儿共同成长的一个持续的过程。

2. 教育评价是一个持续的过程，应不断地支持与引导幼儿发展

教育评价有两种基本形式，即静态评价和动态评价。由于学前教育评价的功能趋向于幼儿发展，因此从评价的形态上来说，也趋向于动态评价。所谓动态评价，是评估幼儿在合作中受协助后的表现、潜在的发展，或幼儿在学习过程中的情形。动态评价是在真实的教学情境中进行的，其特点就是把评价与教学连接起来。

动态评价把评价看成是一个持续的过程，它对幼儿发展的分析包含了过去、现在和未来，关注的是幼儿在合作中得到支持和援助后的表现，反映的是"萌发的"和"成熟的"能力。为此，教师在运用动态评价时应明确以下几个要点：

①是一个持续的过程；

②包含已有的发展和潜能的发展；

③在真实情境的社会互动中进行；

④活动的过程幼儿可以接受协助和支持；

⑤应反映学习的变化和成长历程。

3. 幼儿园教育的评价应展示幼儿成长的历程，反映幼儿的整体发展。为了能真实地评价幼儿的发展，并提供与之相适宜的教育，教育评价在方

法上趋向于多元化与个性化。

多元化包含评价内容和评价方式两方面，评价内容多元化，要注重幼儿的身心整体和谐的发展，不仅关注各学习领域知识技能的获得，而且关注幼儿学习兴趣、情感体验、沟通能力的发展。同时，还要尊重个体的差异性。

（三）学前教育评价的方法

评价方式多元化，主要体现真实的评价思想，关注每个幼儿成长过程的真实反映。学前教育评价方式有很多，常采用的方法有：档案评估法、智力展示法和关键能力鉴别法。

1. 档案评估法，是指教师有目的、有系统地去收集各类能真实反映幼儿在一定时段内学习状况、学习特色、发展变化等方面的原始材料，并将这些资料制成用以进一步了解幼儿、检验教学的一种方法。

其特点是：过程与结果的统一性；有针对性、逻辑性、系统性；生动直观。

2. 智力展示法，是通过创设有意义的情景，让幼儿在真实、自然的活动情景中，利用自己的经验，表现出自己的能力，然后进行记录、评分。

运用智力展示的评价方法应注意：①给幼儿提供诱人的、可操作的材料，其材料涉及各领域；②为幼儿提供解决问题、完成任务的特定情境；③在学习中评价，在评价中学习，使评价过程成为与学习环境融为一体的动态发展过程；④要更好地观察、理解幼儿的行为；⑤要关注幼儿操作的行为特征，如自信水平、坚持性、对细节的关注等。

3. 关键能力鉴别法，就是通过观察和识别某一种智力活动核心的技能和能力的表现水平，来发现和评价幼儿的智力状况。

运用关键能力鉴别的评价方法应注意：①要根据不同幼儿的特点设计不同的评分标准，如：感知能力、创作能力、艺术才能、想象、探索能力等；②教师要有目的地观察；③每种领域有各自的评价方法。

五十五、幼儿教师应具备哪些专业素质？

（一）对儿童和儿童的发展负责
1. 热爱、尊重幼儿

①尊重幼儿的人格和权利;

②容忍和尊重幼儿的差异;

③尊重并促进每个幼儿富有个性的发展。

2. 支持幼儿学习,促进幼儿认知和智力发展

①努力为他们创设和提供各种丰富的学习、活动的机会和材料,积极鼓励幼儿操作、探索和与人交往,锻炼、积累各种知识经验;

②激发幼儿主动学习的态度、兴趣和强烈的愿望;

③帮助幼儿获得学习的乐趣,体验到学习的意义和价值;

④帮助幼儿掌握学习方法。

3. 促进幼儿社会性、人格的积极、和谐发展

4. 为幼儿一生的学习和发展负责

(二) 全面、正确地了解儿童发展的能力

1. 正确地认识儿童和儿童的发展;

2. 掌握儿童的学习和发展规律;

3. 在与儿童交往和教育过程中研究儿童的发展。

(三) 有效地组织教育内容的能力

1. 要强化目标意识,确立"儿童发展目标"为本的意识与实践行为;

2. 明确教育内容不等于"教材",而是活的、动态变化的,具有普遍的应用性、明确的针对性和适宜性;

3. 儿童的发展特点、需求与日常生活经验应成为儿童教育内容的首要资源;

4. 社会、文化、本土自然和人文资源等也是教育内容的另一宝贵而丰富的来源;

5. 有机整合各领域的教育内容,使之构成一个有机联系、相互渗透、综合作用、优质高效的课程内容体系。

(四) 创设适宜环境的能力

1. 为幼儿创设健康、丰富的生活和活动环境,以满足幼儿多方面发展的需要,获得有益于身心各方面健康发展的丰富经验;

2. 为幼儿创设充满关爱、温暖、尊重和支持的精神心理环境,以使幼儿获得充分的安全感、尊重感和接纳感,有利于情感、态度、行为和个性等的充分发展;

3。有效组织适合于幼儿的多种形式的教育活动,各种各样的活动构

成了儿童丰富的学习与成长世界；

4. 促进儿童间积极的互动与交往；

5. 教师自身要成为儿童学习和发展的支持者、合作者和引导者；

6. 积极地评价儿童。

（五）领导和组织能力

1. 明确认识自己在领导和组织方面的责任；

2. 积极地和其他教师建立学习的共同体；

3. 积极地与家长建立密切的合作关系；

4. 充分利用社区资源。

五十六、如何做好幼小衔接工作？

学前教育的后半年和入学后的前半年是幼小衔接工作的过渡时期或叫做幼小衔接阶段。儿童在幼小衔接过程中的主要问题反映在学习适应困难和社会性适应困难两个方面。

幼小衔接工作是一项艰巨而重要的任务。从广义上说，整个学前教育时期都与学校教育相联系，学前教育为学校教育做各种准备，这种准备，被称为一般准备；在幼小衔接过渡时期，尤其要加强专门准备，即学习准备和社会适应性准备。它是学前教育向学校教育过渡的关键。因此，要做好幼小衔接工作，关键是做好一般准备和专门准备，并协调掌握好二者之间的关系。

（一）做好一般准备

一般准备是指身心的全面准备，即身心健康，生理和智力发展正常，具备应有的社会适应能力和良好的行为习惯。

幼儿园教师要在《幼儿园工作规程》精神的指导下，树立面向全体、全面发展的教育观，注重幼儿良好行为习惯的训练和培养，教会幼儿做人，教会幼儿生存。在传授知识的同时，重视幼儿各种能力的培养，发展幼儿的身体，促进幼儿个性品质的形成，将他们培养成为诚实、善良、文明、礼貌、性格开朗、活泼、懂事明礼的健康的人。

（二）开展有目的、有计划的专门准备工作

在幼小衔接的专门准备工作中，要做到目标明确，内容具体。目标明确，就是要突出体现学习适应准备和社会性适应准备。内容具体，是要求教师采取多种形式和手段，将目标具体分解，落实到过渡时期的教育教学工作之中。

1. 培养和提高幼儿的读写能力，做好读写方面的准备

①培养幼儿理解语音和概括、表达语音的能力；培养幼儿听音的良好习惯与说话的积极性；

②加强学龄前儿童的阅读活动，培养幼儿的阅读兴趣和良好的阅读习惯；

③注意让幼儿学说普通话；

④注重幼儿语言活动训练，提高幼儿口语表达能力；

⑤发展幼儿的空间知觉、方位知觉，使幼儿提高分辨和控制能力；

⑥加强动作技能训练，提高幼儿的灵活性和协调性。

2. 培养幼儿的数学能力，做好数学方面的准备

①在传授粗浅的数学知识的同时，要注重数学能力的培养；

②要让幼儿在操作各种直观材料的过程中，体会数量关系与时空关系，培养幼儿主动探索精神，发展其思维能力；

③设立数学角，为不同层次的幼儿提供必要的条件，让他们自由选择数学活动；

④在教学活动中，教师的启发引导要恰当，并做到循序渐进。

3. 培养幼儿的社会适应能力，做好社会性方面的准备

①教师要制定社会性适应教育方案，并具有可操作性；

②设计有针对性的社会性适应专题教育活动；

③在各领域教学中渗透社会适应性教育内容；

④在日常活动中，要适时地培养幼儿的社会适应能力。

4. 在教育教学内容和作息制度上进行适当调整

①要适当减少游戏活动或游戏性的教学组织形式，增加思维训练及思维能力培养方面的教学内容，帮助儿童由具体形象思维向初步的抽象逻辑思维过渡；

②可以延长上课时间，达到每节课 30~35 分钟左右，减少午睡时间，下午可增设集中教育活动等。

5. 做好家长工作，通过家庭和幼儿园配合形成合力，使幼儿顺利实现

过渡。

家长工作，是做好幼小衔接工作的重要因素，幼儿园可通过家访、家长开放日、家园联系册等多种形式宣传幼小衔接工作的意义、内容和方法，使家长提高认识，并与幼儿园协调一致，保证幼小衔接工作的顺利开展。

五十七、针对现代家庭教育的误区，如何开展幼儿园与家庭的合作教育？

（一）现代家庭教育的误区

1. 教育观念的偏差

在现代家庭教育中，尽管许多家长非常重视对孩子的教育和培养，但育子观念比较陈旧。其主要表现为：一是缺乏正确的人才观。多数家长望子成龙、望女成凤，把大部分精力投放在孩子的学习上，造成孩子学习压力过重，而导致厌学；二是缺乏正确的儿童观。把孩子看成家庭的隶属品和父母的私有财产；把孩子的成才与否同自己的荣辱联系在一起，不顾孩子的意愿和实际情况，一味地按自己的意愿培养孩子，其结果是家长花尽了心力，孩子迷失了自己。

2. 期望值偏高

由于家长对孩子的期望值过高，导致家长不理智，不切实际的做法，造成孩子过重的压力，妨碍了孩子的全面发展。

3. 娇生惯养，忽视孩子良好品德的培养

家长对孩子的过分溺爱，导致孩子形成了不良的个性品质。其主要表现为孤独、任性和依赖。

4. 注重知识，忽视能力素质培养

家长在这方面的主要表现是：①热衷于知识的灌输；②忽视幼儿身心发展的特点，拔苗助长；③忽视非智力因素的培养。

5. 教养方式不当，忽视孩子良好心理素质的培养

家长对子女的教养方式多表现为：一是娇宠；二是专制；三是多言教忽略身教。由于家长这种不正确的教养方式，造成了一些孩子心理素质低

下，其主要表现为：①情感脆弱；②缺少自信；③胆小懦弱。

6. 少数家庭教育子女的责任感淡漠，家庭环境恶劣，不利于子女的成长

（二）幼儿园教育与家庭教育的合作

幼儿园应主动与家庭配合，采取多种形式，真正实现幼儿园与家庭教育的合作。

1. 教师主动进行家庭访问，经常与家长联系，对幼儿进行分析，有针对性地开展教育；

2. 教师主动向家长提出创设和利用家庭环境的建议。

在创设良好家庭环境方面，教师可向家长提出以下建议：

①建议家长注意提高自身的素质；

②建议家长创设和谐轻松的家庭气氛，鼓励幼儿表达自己的愿望和要求；

③建议家长布置整洁、有序、美观的家庭环境，吸引孩子参加一些力所能及的工作；

④建议家长为幼儿安排活动的天地。

3. 幼儿园采取多种形式，主动向家长宣传科学的育儿知识

①召开全园及全班家长会议；

②请家长到幼儿园参观，参与幼儿园活动；

③召开家长座谈会，举办家长学校。

教育学（上）案例分析与思考：

一、涂改试卷

笔者曾听到一位中学教师说起这样一件事。期中考试后，他在课堂上分析试卷，有两位女同学拿着试卷跟他说，有一道选择题批阅错了，另一位同学证明她选的是 ABD，应加 3 分。他看了一下卷面是 57 分，再仔细看看批错的这道题，她的确选的是 ABD，可能是自己批错了，忙给她加了3 分，并向她道歉。一次在公共汽车上，他偶然间听到两位女生在交谈：

"我把试卷做了小小的技术处理，AB 后面加了个 D，成绩就及格了，那位老师还向我道歉，真愚蠢。做这种事你放心好了，即使老师有怀疑，你一定咬住是批错的。两个人的事，谁也说不清楚。"

分析与思考题：请你从诚信道德的角度，对女学生涂改试卷的行为进行分析，并提出合理的教育对策。

二、不碎的玻璃门

教室的后门又被踢破了。

自从我中途接手这个后进班以来，已经不止一次碰到这样的棘手事。怎么办？即使是换了新的门，过了不多久又会被踢坏。平日里，这些淘气的学生用脚开门和关门已经习以为常了，我在班上说过多次，也不见成效。

思来想去，脑际忽然灵光一闪：对了，就换一扇玻璃门吧！经校长同意后，很快，旧门被拆下来，一扇新的玻璃门稳稳地安了上去。

玻璃门似乎挺有"人缘"，装了一个星期，居然看不到有挨踢的痕迹，学生们走到门口，都不由得放慢了脚步，开关门时更是小心翼翼，每天的值日生都争着为玻璃门"洗脸"。从此，玻璃门成了我们班的一扇"形象之门"，它把学生们心中的一个易碎的"梦"复圆了。

分析与思考题：结合这个案例分析，在班级管理中应该怎样防止"破窗效应"的出现？谈一谈班主任如何采取有效措施形成一个健全的班集体？

注：所谓"破窗效应"理论来自多年前美国斯坦福大学心理学家詹巴斗进行的一项实验。在这项实验中：詹巴斗找了两辆一模一样的汽车，把其中的一辆摆在帕罗阿尔托的中产阶级社区，而另一辆停在相对杂乱的布郎克斯街区。他把停在布郎克斯街区的那辆车的车牌摘掉，把顶棚打了一个洞，结果这辆汽车一天之内就被人偷走了。而放在帕罗阿尔托的那辆车摆了一个星期仍完好无损。然后，他把那辆好车的玻璃窗敲了一个大洞。结果呢，仅仅过了几个小时，这辆车也被偷走了。

（答题要点提示：要防止"破窗效应"的出现，首要的任务就是要修好"破窗"。后进班就如同那辆被敲了一个大洞的汽车，只有把破窗及时地修好，才能仍旧给人以焕然一新、井然有序的感觉。同时，要及时地扭转班级中的坏风气、坏习惯和坏思想，使它们无机可乘。这样一来，学生的凝聚力就会越来越强，良好的班级风气便会蒸蒸日上，班级就形成了一个良性循环的集体。此时，就形成了一个积极、健康、向上的班集体。）

三、从"零"开始

有一位数学教师发现，一个学生考试时竟然一道题都没答对。她感到非常气愤，不假思索地在试卷上画了一个大大的"零蛋"。但随即觉得不妥，于是她重新审视了这张试卷，在上面写道："希望你从'零'开始，获取知识和智慧。"

多年后在校庆活动中，一位在学术界颇有建树的青年学者，紧紧地握住这位老师的手，感激地说："您可能早已忘记我，但那次数学考试您给我的鼓励和鞭策，我永远不会忘记！是您给了我自尊和自信，让我找回了自我。"

分析与思考题：你从这位老师的评语中受到什么启示？请你谈一谈如何写好操行评语？

（答题要点提示：从这位老师的一句看似简单的评语中，读出了对学生人格和价值的尊重。同时也反映出这位老师所具有的人格魅力，即懂得尊重，珍视尊重。尊重它像一泓清泉浸润着学生的精神世界，正是这种"尊重的力量"，使一个数学成绩一塌糊涂的学生心中燃起了希望之光，并通过最终的努力成长为一位杰出的人才。

尊重是一种品质、一种修养，更是一种心境，它是一个教师良好的师德修养的体现。一个懂得尊重的老师，会以平等的心态、平等的心情、平等的心境去对待所有的学生，用理解、关爱、宽容和赞扬去抚平学生失败的忧愁，去分享学生成功的喜悦，从而建立一种平等和谐的、朋友式的师生关系。）

四、云雀的故事

一只云雀正在树上唱歌，忽然看到一个男人走来，手里提着一个小木箱。

云雀问："你的箱子里装的是什么？"

男人答："蚯蚓。"

云雀又问："我怎样才能得到它们？"

男人答："只需要你身上的一根羽毛。"

云雀高兴地拔下自己身上的一根羽毛，给了那个男人，换了一箱子蚯蚓，并高兴地自言自语："这么容易便可以获得食物，今后我再也用不着工作了。"

就这样，云雀每天都从自己身上拔下一根羽毛换蚯蚓。几个月后，这只云雀的羽毛全被自己拔光了，再也无法换蚯蚓了。直到此刻，它才想起应该自己去找食物。然而非常遗憾的是，它全身光秃秃的，一根羽毛也没有，不论怎样努力，也飞不起来了。

分析与思考题：请你从故事所蕴涵的哲理中，谈一谈如何加强德育工作的实效性？

五、香烟风波

一个星期天的下午，我和几名同学谈心，得知班级里几个男生偷偷抽烟，而且互相炫耀。得知这一情况后，我认真思考着解决此问题的办法。

第二天下午，我笑容满面地走进教室，对同学们说："今天，老师为大家做一个实验。"小家伙们立刻兴趣盎然地看着我从兜里掏出一支烟，然后将它撕碎扔进一个装满水的玻璃杯里。不一会儿，杯子里的水慢慢变黄了，接着我将事先捉好的苍蝇扔进杯子里，只见苍蝇挣扎了几下，便死去了。"有毒，有毒！"孩子们惊呼起来，这一下教室立刻热闹起来，大家七嘴八舌，述说着抽烟的危害。接着，我又打开电视，当学生们看到影片中那因吸烟而熏黑变质的肺，听到关于吸烟导致癌症等疾病的解说，他们都睁大了惊恐的眼睛，那一枝枝香烟瞬时成了可怕的魔鬼。看完录像，同学们都沉默无语了。

这时，我接着问："有的同学认为'抽烟才是真正的男子汉'，你们认为这种看法对吗？"此时，那几个男生已经红着脸低下了头。经过同学们的讨论，一致认为真正的男子汉是"胸怀宽广、热心助人、热爱劳动、团结同学"的人。从此以后，班级里真正"烟消云散"了。

分析与思考题：请你结合这个教育案例，从影响人发展的基本因素——环境和教育的角度，写一则教育案例评析（要求在200字以内）。

六、他战胜了"口吃"

沉默中，我突然从后悔自责中醒悟：初为人师的我不是也有过临场时的恐惧和冷场时手足无措的尴尬吗？然而是自信战胜了一切。有时候，一次小小的成功能够激活一个人潜在的巨大的自信，可一次难忘的失败也往往可以摧毁一个人仅有的一点自信。眼前的这个男孩难道会陷入后一种情形吗？不，绝不能。我终于微笑着开口了："既然他不太习惯在众目睽睽之下说话，那索性我们大家趴在桌上，不看，只用耳朵听吧！"我带头走到教室后，背对讲台站定，同学们也纷纷趴下头来。终于，我的背后传来了轻巧的、羞怯的声音。那的确是篇好作文，写的是他和父亲间的故事。因为动情的缘故，我听到他的声音渐渐响了起来，停顿也不多了，有的地方甚至可以说是声情并茂，我知道他已进入了状态，涌上心头的阵阵窃喜使我禁不住悄悄回头看看他。我竟然发现台下早已经有不少同学抬起头，默默地赞许地注视着他。朗读结束后，教室里响起一阵热烈的掌声。我知道这掌声不仅仅是给予这篇作文的。

分析与思考题：从这位老师的做法中反映出一种什么教育思想？请你谈一谈如何针对学生的个别差异进行有效的教育？

（答题要点提示：教师从另一种视角，用一种新的境界，化解了尴尬的处境，能做到这一点，关键是这位老师能够从"以学生为本"的教育思想去考虑问题。）

七、一次有关"沉浮"的科学探索活动

在大班的一次有关"沉浮"的科学探索活动中，孩子们通过讨论、操作、实验等方式，圆满地完成了"让原来浮在水面上的东西沉下去，让原来沉下去的东西浮起来"的任务。在孩子们交流了各自的做法之后，老师表扬了大家，最后总结道："今天，小朋友更加明白了一个道理：重的东西会沉下去，轻的东西会浮起来。"

分析与思考题：这位老师明知道最后的总结不准确，但总觉得"如果不给孩子们总结知识点，这个活动就好像没有达到教育目标的要求"。请你说一说，这个案例体现出教师什么样的知识观（能说出来的才是知识，

结果比过程更重要），并结合《幼儿园教育指导纲要》所体现的新知识观来分析这位老师的做法。

八、一次家长开放日活动

在一次家长开放日活动中，"怎样做好幼小衔接工作"成为家长们谈论的中心话题。交谈时，有许多家长对我说："王老师，你只要把我们孩子的语文、数学教好了就行，至于孩子其他方面的发展，树大自然直，上学就好了。"

分析与思考题：如果你是王老师，你怎样对待家长们的观点？采取什么样的办法与家长沟通？

（答题要点提示：使家长明确幼小衔接工作的意义和专门性准备工作的内容，并与幼儿园协同一致，做好幼小衔接工作。）

九、蚂蚁唱歌

有这样一个故事：几个小朋友正趴在树下兴致勃勃地观察着什么。一位老师看见他们满身是土的样子，生气地走过去问："你们在干什么？"

"听蚂蚁唱歌呢。"小朋友头也不抬，随口而答。

"胡说，蚂蚁怎么会唱歌？"老师的声音提高了一个八度。

严厉的斥责让孩子们猛地从"兴趣盎然"的状态里清醒过来。于是，一个个小脑袋耷拉下来，等候老师的发落。只有一个倔强的小家伙还不服气，小声嘟囔说："您又不蹲下来，怎么知道蚂蚁不会唱歌？"

分析与思考题："老师，您为什么不蹲下来呢？"你从孩子的这句话中感悟出了一个什么道理？请你从反思性实践的角度，谈一谈幼儿教师的角色意识？

（答题要点提示：长期的"师道尊严"成为横在师生心中的一堵高墙，造成师生之间无法产生深层次情感交流和共鸣，而缺乏情感沟通的孩子们从心里呼唤师爱，希望老师能"蹲下来"去倾听他们的心声。作为一名教师，既要有一颗爱孩子的心，也要有一颗童真的心，能够以教师特有的睿智，去认真地感受和倾听幼儿的期待、热情和想象，以情激情，以情导行。同时，教师还要具有特殊的育人意识，能够敏感地透过现象看本质，准确及时地把握和捕捉教育的最佳契机，才能真正成为幼儿学习活动的支持者、合作者和引导者。）

十、两个世界

有这样一个故事，一个正忙于写论文的教授，为了摆脱淘气女儿的纠缠，随手撕碎一张世界地图，对女儿说："只要你能拼起来，就答应陪你玩。"教授本以为，才上幼儿园的女儿不可能完成这个任务，自己这下可以安心工作了。可不一会儿，女儿就拿着拼好的地图来找爸爸。教授满脸疑惑：怎么这么快？原来，那张地图的背面是一幅人像画。在孩子的眼里，人像画拼好了，地图也就拼好了。而在成人的眼里，那是一幅撕碎的世界地图，要拼好它需要有一定的世界地理知识。

分析与思考题：试分析这位家长存在着什么样的教育误区？请你联系鲁迅先生曾说的一句话"从小不把他当做人，长大他也成不了人"的观点，谈如何做好家园合作教育？

（答题要点提示：家长习惯于用成人的观点和思维方式去代替孩子的所思、所想和所为，而孩子更愿意用"自己的方式"去发现、思考和解决问题。教师要帮助家长树立"以幼儿为本"的现代教育理念，使家长走出成人的世界，善于从孩子的视角去精心地关注和呵护孩子的童真，为他们提供健康、丰富的生活和活动环境，并从实际出发去引导和教育孩子，满足孩子多方面发展的需要，使他们能够身心和谐地、健康地成长。）

第二编　教育学（下）

一、什么是课程？

按照《中国大百科全书·教育》的解释，课程有广义和狭义之分。广义的课程是指"学生在教师指导下各种活动的总和"；狭义的课程是指"一门学科"，如"语文课程"、"数学课程"，等等。通常，课程是指各级各类学校为了实现培养目标而规定的学习科目及其进程的总称。它一般体现在课程计划、课程标准教科书之中。课程包括以下几种：

（一）什么是国家课程？

国家课程是国家教育行政部门规定的统一课程，它体现国家意志，是专门为未来公民接受基础教育之后所要达到的共同素质而开发的课程。国家课程的开发主要是根据不同教育阶段的性质与培养目标，制定各个领域或科目的课程标准或教学大纲，编写教科书。它是一个国家基础教育课程计划框架的主体部分，涵盖的课程门类和所占课时比例与地方课程和校本课程相比是最多的，因而在决定一个国家基础教育质量方面起着举足轻重的作用。

（二）什么是地方课程？

地方课程是在国家规定的各个教育阶段的课程计划内，由省一级的教育行政部门或授权的教育部门依据当地的政治、经济、文化、民族等发展需要而开发的课程。地方课程在充分利用地方教育资源、反映基础教育的地域特点、增强课程的地方适应性方面，有着重要价值。

（三）什么是校本课程？

校本课程是以学校教师为主体，在具体实施国家课程和地方课程的前提下，通过对本校学生的需求进行科学的评估，充分利用当地社区和学校的课程资源，根据学校的办学思想而开发的多样性的、可供学生选择的课程。校本课程的开发主要依据国家教育方针、国家或地方课程计划、学校教育哲学、学生需求评估以及学校课程资源，强调以学校为主体和基地，充分尊重和满足学校师生的独特性和差异性，特别是使学生在国家课程和地方课程中难以满足的那部分发展需要得到更好的满足。校本课程是国家课程计划中一项不可或缺的组成部分。

二、怎样理解课程资源的含义？

课程资源是指形成课程的要素来源以及实施课程的必要而直接的条件。它们的特点是作用于课程却并不是形成课程本身的直接来源，但它在很大程度上决定着课程的实施范围和水平。现实中的许多课程资源往往既包含着课程的要素来源，也包含着课程实施的条件，如图书馆、博物馆、实验室、互联网络、人力和环境等课程资源就是如此。

课程与课程资源存在着十分密切的关系。没有课程资源也就没有课程可言，有课程就一定有课程资源作为前提。但它们毕竟不是一回事，课程资源的外延范围远远大于课程本身的外延范围，它只有在经过相应的加工并付诸实施时才能真正进入课程。课程实施的范围和水平，一方面取决于课程资源的丰富程度，另一方面更取决于课程资源的开发和运用水平。

按照课程资源空间分布的不同，大致可以把课程资源分为校内课程资源和校外课程资源。凡是学校范围之内的课程资源，就是校内课程资源，超出学校范围的课程资源就是校外课程资源。校内外课程资源对于课程实施都是非常重要的，所以我们一方面要最大限度地利用学校内部的课程资源，另一方面也要加强利用校外课程资源，帮助学生与学校以外的环境打交道。

由于划分标准的不同，课程资源可以划分出许多不同的类型，但目的都是要帮助澄清课程资源的基本概念框架，加深学生对于课程资源的理解。

三、怎样开发和利用课程资源？

一般课程资源的开发主要有六个方面的基本途径：

（一）开展当代社会调查，不断地跟踪和预测社会需要的发展动向，以便确定或揭示有效参与社会生活和把握社会所给予的机遇而应具备的知识、技能和素质；

（二）审查学生在日常活动中以及为实现自己目标的过程中能够从中获益的各种课程资源，包括知识与技能、生活经验与教学经验、教与学的方式和方法、情感态度和价值观等方面的各种课程素材；

（三）开发和利用课程实施的各种条件，包括图书馆、实验室和各种活动场馆、专用教室等的合理建设；

（四）研究一般青少年以及特定受教学生的情况，以了解他们已经具备或尚需具备哪些知识、技能和素质，以确定制定课程教学计划的基础；

（五）鉴别和利用校外课程资源，包括自然和人文环境，各种机构、各种生产和服务行业的专门人才等资源，使之成为学生学习和发展的财富；

（六）建立课程资源管理数据库，拓宽校内外课程资源及其研究成果的分享渠道，提高使用效率。

除此之外，课程资源的开发还要根据各地和各学校的实际情况，广开思路，发掘校内外的更加具有针对性和适应性的课程资源，从而更好地发挥它们的作用。

四、教学活动的资源开发和利用主要途径有哪些?

教学是课程实施的主要途径，教学活动的资源是课程资源的重要组成部分，而且是更为细节的部分。教学活动的资源是微观层次的课程资源，与一般课程资源的开发相比，它更强调特定群体和情境的差异性与独特性。

开发和利用这类课程资源的主要途径有以下几点：

（一）调查研究学生的兴趣类型、活动方式和手段。研究青少年的普遍兴趣以及能给他们带来欢乐的种种活动，既有利于发现多姿多彩的奖励方式，帮助学生树立刻苦学习和取得良好学业的信心，也可以启发教师打开记忆的宝库，从自己以往与学生交往的经验中挖掘大量有益的参考材料。教学方式特别是学习方式本身就是重要的课程资源。就学习动力而言，研究普通青少年的种种活动与兴趣，尤其是调查特定课程受教对象的兴趣和活动，可以归纳出能够唤起学生强烈求知欲的多样化的教学方式、手段、工具、设备、方案、问题，以及如何布置作业、安排课堂内外学习等诸多要素，帮助学生尽快达到课程的目标要求。

（二）确定学生的现有发展基础和差异。各门功课的选材都应该取舍得当，为此不但需要了解学生目前已经具备了哪些知识、技能和素质，而且还应该兼顾他们之中的差异，设计大量方案，组织多种活动，准备丰富的材料。因此，掌握学生现有知识、技能和素质的水平以利因材施教，收集适应技能高低和知识多寡不同的各种活动与材料，是各门功课选材的必要依据。

（三）为学生提供反馈资料。为学生提供的反馈资料，特别是向学生指出学习中的差错并分析原因的反馈资料，可以很好地帮助学生找出课程学习中的难点。教师甚至可以自己尝试收集学生常犯错误的资料，设计和整理成各种特定技能和知识领域的核查表，从而及时提供反馈资料。

（四）安排学生从事课外实践活动。安排课外实践应是课程教学的一项重要内容。学生在课外有无机会将自己学到的知识、技能恰如其分地运用于实践，在很大程度上取决于学生自身的生活环境。一般说来，教师对校内环境及所在社区的某些方面都有所了解，应该加以很好地开发和利用。至于学生平时的课外活动以及有些什么其他学以致用的机会，则恐怕要靠学生自己介绍，这时学生的生活经验可以发挥更大的作用。所以教师应该注意发掘学生生活经验方面的资源，引导学生将书本知识转化为实践能力。否则，有些学生就可能因为不用而将学习内容忘记得一干二净，整个课程教学的成效就会受到损失；还有一些学生可能因为学习远离生活而导致课程教学活动变得越来越抽象，越来越困难。

（五）指定参考性的技能清单。很多技能都具有通用价值，将这些技能做一番调查整理，形成一个对于各门学科和多种课外活动都有参考价值的技能清单。至于态度、兴趣和接受能力等，虽然也有通则，但这方面的研究很难提供有益的通用标准技能清单。所以必须结合具体实际情况，在调查研究的基础上选定作为课程组织成分之一的素质标准。

（六）总结和反思教学活动。教学工作本身就是很复杂的，因而需要不断学习，不断地总结与思考。教学的新知识、新技能和新策略有多种多样的来源——来源于研究，来源于新教材和新手段，来源于先进教学法的报道，来源于同事，来源于督导人员，来源于对教学的自我总结，来源于对课堂学习情况的思考等等。教师要不断地考虑如何来充实自己的教与学的知识库，并且为增加这方面的知识作出不懈的努力。教师需要不断地提高通过自我总结和积极借助他人的反馈来分析自己的学习需要和学习风格的能力。教师应善于运用教学日志、研究小组和个人教学心得、同事指导、同事建议、他人帮助等自我评价和合作总结的手段、方法与策略，提高自我总结和反思的教学水平。称职的教师都应该懂得如何去利用建立在研究基础上的各种资源，懂得面对某种学习的需要时如何去追求建立在研究或有效实践的基础上的新知识和新技能，既要能研究教学，又要能拿出自己的研究成果让其他人分享。

（七）发挥网络资源的作用。现代信息技术的发展正在突破各种资源的时空限制，使得课程资源的广泛交流与共享成为可能。为此，教师一方面要充分利用各种网络资源为教育教学工作服务，同时也要积极参与网络资源的建设，运用网络技术贡献自己的教育教学经验和成果，使之成为网络资源的一部分，与广大同行交流和分享；另一方面，还要鼓励学生学会合理选择和有效利用网络资源，从而增加和丰富自己的学习生活经验。

五、校外课程资源主要有哪些？如何开发和利用？

（一）图书馆

图书馆作为一种重要的社区文化资源，在开发形式上可以考虑采取学校和图书馆建立联系的做法，实现二者的资源共享；也可以在学校内建立与图书馆的网络联系，使学生能够更加主动和便捷地利用图书情报检索方面的常识，培养学生获取信息的基本技能。

（二）科技馆

科技馆的充分利用有利于拓宽学生的科学视野，加强学生对校内教学科目的直观和形象的理解，为正式的课程教学提供强有力的支持。鉴于目前国内科技馆的建设现状，在开发过程中可以考虑选择较为典型的科技馆作为样本，并运用现代信息和媒体技术让学生接触到。

（三）博物馆

我国是一个历史和文化积累非常深厚的国家，有着丰厚的历史底蕴和资源。全国各地的博物馆就是这种历史文化宝库的重要组成部分，具有重要的课程资源开发价值。在开发的形式选择上，一方面加强学校与博物馆的联系，另一方面也可以将博物馆与学校相应的课程结合起来，或通过网络和光盘等形式传播博物馆资源。

（四）网络资源

网络资源的开发在于突破传统课程的狭隘性，在相当程度上突破时空的局限。网上充足的信息可以使思路开阔，多媒体强大的模拟功能可以提供实践或实验的模拟情境和操作平台，网络便捷的交互性使交流更及时、开放，所以可以重复利用网络使学生以独特的方式进行学习，学生也可以在适合自己的时间、地点获得有关的学习资料。

（五）乡土资源

主要是指学校所在社区的自然生态和文化生态方面的资源，包括乡土地理、民风习俗、传统、生产和生活经验等。这些资源可以有选择地进入地方课程、校本课程乃至国家课程的实施过程中，成为师生共同建构知识的平台。

六、现代课程观的基本特征是什么？

（一）课程目标的全面性

课程目标是一定学段的学校课程最终所要达到的标准。包括1. 时限性。即一定的教育阶段，如小学、初中阶段或基础教育阶段。2. 学生在这一学段最终的发展状态与发展水平。即每个学生在品德、才智、身心和审美等基本素质上的发展及所达到的高度。3. 国家的期望。4. 学生的主动发展。

现代课程目标摆脱了传统课程目标的偏向性，适应社会对人才素质的需要，将人的素质的全面发展作为课程实施的最终目的。"新课程的培养目标应体现时代的要求。要使学生具有爱国主义、集体主义精神，热爱社会主义，继承和发扬中华民族的优良传统和革命传统；具有社会主义民主法制意识，遵守国家法律和社会公德；逐步形成正确的世界观、人生观、价值观；具有社会责任感，努力为人民服务；具有初步的创新精神、实践能力、科学和人文素养以及环境意识；具有适应终身学习的基础知识、基本技能和方法；具有健壮的体魄和良好的心理素质，养成健康的审美情趣和生活方式，成为有理想、有道德、有文化、有纪律的一代新人。"（《基础教育课程改革纲要》＜试行＞）

（二）课程内容的完整性、整合性和精选性

课程内容是按照课程目标的要求选择和组织起来的、一系列比较系统的间接经验和学生的某些直接经验组成的、用以构成学校课程的基本材料。基础教育阶段的课程内容包括：知识课程——这部分课程主要是培养学生运用符号性工具掌握基础知识和基本技能，养成科学的态度，形成科学的求知精神和求知方法；满足学生认识自然、认识社会和了解自己的需要，为其长身体、长知识、形成优良品德和投身于社会实践奠定基础。情意课程——学习过程是认知过程和情意过程的协调统一过程。情意品质包括决定人的发展水平和速度的兴趣、需要、情感、动机、自信心、自制力、理想、信念和健康的人格等心理素质与优良的思想道德品质素质。为培养这些非智力素质设立的情意课程内容包括思想品德课、政治课、艺术课、心理健康课等。这类课程不仅呈现于显性课程，而且体现在社区环境、校园文化和师生关系等隐性课程之中，尤其是课程实施过程中教师的人格化影响之中。活动课程——为了满足学生参与社会实践的需要，培养创新能力、实践能力和良好个性品质的课程。内容分为三类：一是学科活动课程；二是综合实践课程；三是规定性活动课程。自我发展课程——用以唤醒学生的自我意识、主体意识、自信自强自立意识，使学生在不断的自我发现过程中，掌握自我发展的策略和方法，形成自我可持续发展的品格和能力的课程。包括：理想价值教育的课程、学习策略方法指导的课程、能力训练的课程等等。

课程内容的整合性，即课程内容逐渐摆脱了"以知识为中心、以学科为中心、以教师为中心"的价值取向，发展成"以人的生命体验为中心"的学习活动建构过程，或者说是"对话与沟通"的文化创造过程。一是课程内容的改革从量的删繁就简和质的结构性改革转向关注学生的生活和发展需要的"素材丰富，有血有肉的教材"；二是课程内容的构成从以间接经验为主的单纯围绕"知识点"组织起来的经验系列，变成了以学生的直接体验为核心的、以师生的对话与沟通为载体的、以富于吸引力和感染力的情境为背景的、开放的文化建构过程；三是课程从传统的"知识传授"

变成"成功体验、教学情境、学习活动、合作交往"的建构过程。

课程内容的精选性。"改变课程内容繁、难、偏、旧和过于注重书本知识的现状，加强课程内容与学生生活以及现代社会和科技发展的联系，关注学生的学习兴趣和经验，精选终身学习必备的基础知识和基本技能。"（《基础教育课程改革纲要》＜试行＞）在具体操作上，一是要强化课程的选择性，加强范例学习和专题研究；二是要进一步加强选修课和综合实践活动；三是课程教材要给学生提供更多思考和探究的机会从事思考和研究，尤其是面向生活、面向社会的问题解决和调查机会，让学生有更多的机会体验发现学习的过程和获得主动探究的经历。

（三）课程结构的优化性

课程结构是指构成课程的各种要素及其合乎规律的组织形式。包括课程内容的结构（各种学科要素在整个课程计划中所占的比例）和课程类型结构（各种类型的课在课程设置中所占的比例）。所谓课程结构的优化就是课程门类和课程类型两个方面的优化组合。具体表现：一是重视把新兴的课程纳入课程计划，如现代信息技术、专题研究课程等；二是打破原来单一的学科课程一统天下的局面，将更加适应学生发展需要的活动课程、综合课程、潜在课程和选修课程等纳入到课程计划之中，使各种类型课程比例日趋合理；三是重视隐性课程，开发校本课程，使显性课程与隐性课程相得益彰；四是课程实施过程（教学过程）的"人性化"，即教学过程越来越重视学生的学习过程，重视发挥学生的主体作用，重视从满足学生主体的个性特点和发展需要出发来设计和组织教学活动。

七、什么是教学模式？

我国教育界对教学模式从不同角度和侧面进行了广泛的研究，现在普遍的共同的看法是：教学模式是依据一定的教学思想和教学规律而形成的，在教学过程中必须遵循比较稳固的教学程序及其方法的策略体系。

教学模式上联教育理论，是实施教学的一般理论，是教学思想与教学规律的反映，它指出教学的目标，规范师生的双边活动，实施教学的程序应遵循的原则及运用时的注意事项。教学模式下联教学实践，它把教学程序、教学方法、教学手段、教学组织形式融为一体，把抽象的理论转化为具体的操作程序，可以使教师明确教学先做什么，后做什么，它的处方性和操作性特点，使教师可以根据教学的实际需要进行选择和运用。

八、教学模式的构成要素有哪些？

教学活动存在于一定的空间和时间之中，在空间上，表现为根据一定的教学理论，处理、协调教学过程的各个要素在教学活动中的地位和相互关系；在时间上，表现为怎样安排教学活动的各个阶段或环节的程序。这样，不同的教学理论、教学目标，设计和组织师生活动的不同安排，就构成不同的教学模式。

教学模式的结构一般由下列要素组成：

（一）提出模式涉及的教育理论和价值取向，这是模式得以形成的基础

任何教学模式都是在一定的教育理论或教育思想指导下构建的。例如，布鲁纳发现法教学模式的理论基础是认知心理学，斯金纳程序教学模式的理论基础是行为主义心理学，巴班斯基最优化模式的理论基础是系统科学。我们在学习、研究、运用和构建各种教学模式时，必须首先关注提出模式所涉及的教育理论和价值取向。

（二）提出模式所针对的教学目标，教学目标是教学模式的重要要素

由于模式是为实现教学目标服务的，教学目标直接反映了该模式的价值观，决定了实现目标的内容、方法选择和运用策略，师生交往方式、教学目标也是教学评价的标准和尺度。

（三）建立教学活动程序，这是教学模式结构的核心问题

教学活动程序是指教学中各步骤应完成的任务，其实质是处理好师生针对教学内容在时间序列上的教学活动步骤。

例如凯洛夫教学模式的课堂教学程序是：组织教学，复习旧课，讲授新课，巩固新课，布置作业。杜威的实用主义教学模式的操作程序为："情境—问题—假设—推理—验证"。

（四）师生角色，这是构成教学模式重要的能动的要素

任何教学活动都是师生的交往活动，包含了认知信息的交往和人际关系的交往，这种交往的价值取向、方式和方法，互动与配合成为构成教学模式重要的能动的要素。不同的教学模式，师生关系及角色特征有很大的差异，例如，教师对课堂教学管理，可能是专制型（高度集中型）、民主型或放任型，这种差异是由教学模式的价值取向、要完成的教学任务的特征及选择的教学策略等因素决定的。

（五）提出的教学策略

任何一种教学模式都有与之相关的教学策略，它是指这种教学模式在实施过程中所采用的教学方式、方法和措施的总和。教学策略是影响模式功能的重要要素。

（六）提出的评价标准和方法

任何一种教学模式都有其适用的情景和范围，功能也不尽相同，因此，任何一种教学模式，都应有与之相应的评价标准、评价方法和反馈、调控方法。

（七）所必需的支持条件

任何一种教学模式都必须依赖一定的内部及外部支持条件，这是实施教学活动的保障。例如，教师的素质（师德、专业水平、教学技能等）、教学设备、环境、师生人际关系，等等。

以上七个要素相互联系、相互作用，构成一个完整的教学模式。

九、我国中小学常用的教学模式主要有哪些?

（一）传递—接受式教学模式

主要运用于系统知识、技能的传授和学习。它的基本程序是：激发学习动机—复习旧课—讲授新课—巩固运用—检查。

这种模式是由教师直接控制着教学过程，按照学生认识活动的规律来规划，通过教师的传授使学生对所学习的内容由感知到理解，从而达到领悟；然后再组织学生练习，巩固运用所学的内容；最后检查或组织学生自我检查学习的效果。这种模式的特点是能使学习者比较迅速有效地在单位时间内掌握较多的信息，比较突出地体现了教学作为一种简约的认识过程的特性，所以它在教学实践中得以长期盛行不衰。但由于在这种模式中，学习者客观上处于接受教师所提供信息的地位，因此不利于他们主动性的发挥，为此多年来一直受到各方面的批评和指责。然而接受学习不一定都是机械被动的，关键是教师传递的内容是否为具有潜在意义的语言材料，能否同学生原有的认知结构建立实质性的联系；教师能否激发学生的积极性，使他们主动地从自己原有的知识结构中提取最有联系的旧知识来"固定"或"类化"新知识。

（二）自学—辅导式教学模式

它是对传递—接受式的一种改造，主要是把原来由教师系统讲授的部分改为在教师指导下由学生自学教材。这种模式由于充分发挥视觉分析器的作用又较重视学生之间的相互帮助，它比单靠"听——讲"单通道输入信息的效果要好。这一模式的基本程序：自学—讨论交流—启发指导—练习总结。

这种模式的主要功能在于激发、促进、锻炼、提高学生的思维能力，充分调动他们的学习积极性。有利于学生自学能力和习惯的培养，有利于适应学生的个别差异。在这一模式中，教师虽然只起了解惑、释疑的作用，但他要有的放矢地对学生进行辅导，更加提高了对教师主导作用的要求。如果教师不能做到这一点，自学就会导致自流，这种模式的优越性也就难以体现。

（三）引导—发现式教学模式

这是一种以问题解决为中心，注重学生独立活动，着眼于创造性思维能力和意志力培养的教学模式。以问题解决为中心的教学要求教师所提供的语言引导在性质和数量上是最精练的。它要在教学中能为学生创设一个在认识上的困难情境，使学习者产生想解决这一困难的要求，从而去认真思考所要研究的问题。随着问题情境的产生，学生在教师指导下要能提出各种解决问题的方案，即能进行假设，并能验证其真伪，作为认识上的结论。而要做到这一点就要求运用统觉原理，使学生能检索出先前获得的与新课有关的经验和知识，并在此基础上构成一个新的组合来解决新的问题。这种将问题情境转变为解决问题情境的"突然顿悟"，所采用的基本方法就是发现法。它的基本程序是：问题—假设—验证—总结提高。

在这种模式中师生处于协作的关系，要求学习者能展开积极能动的活动。有时甚至可以扮演主角，但这要根据具体的课题和学习者的情况而定。这种模式最主要的功能在于使学习者学会如何学习。如怎样发现问题、怎样加工信息、怎样提出假设和推理论证等，有利于培养学生的探究能力。但这种模式也有其局限性，一般说较适用于数理学科，它需要学习者具有一定的先行经验储备，这样才能从强烈的问题意识中找到解决问题的线索。

（四）情境－陶冶式教学模式

这一模式根据人的认识是有意识心理活动和无意识心理活动的统一、理智活动和情感活动的统一的观念，强调个性发展不仅要重视理智活动而且要通过情感的陶冶，充分调动学生无意识心理活动的潜能，使他们在思想高度集中、精神完全放松的情况下进行学习。这一模式的基本结构包括以下几个基本步骤：创设情境—参与各类活动—总结转化。

创设情境：根据教学目标教师可以通过语言描绘、实物演示、音乐渲染等手段创设一个生动形象的场景，以激起学生的情绪，有时也可利用环境的有利因素进行。参与各类活动：学生通过参与各种游戏、唱歌、听音乐、表演、谈话、操作等活动，使他们在特定的气氛中，主动积极地从事各项智力活动，在潜移默化中进行学习。总结转化：通过教师的启发总结，使学生领悟所学内容主题的感情基调，做到情与理的统一，并使这些认识、经验转化为指导他们思想行为的准则。

这一模式的主要作用是对学生进行个性的陶冶和人格的培养。他通过设计某种与现实生活相同的情境，让学生在这种意境中自由地与周围人相互作用，从中领悟到怎样对待生活、对待自己，以提高学生的自主精神和合作精神。它一般较普遍用于思想品德课、外语课、语文课的课内教学，还可广泛用于课外各种文艺兴趣小组和社会实践等教学活动。

（五）示范－模仿式教学模式

这种模式是世界上古老的模式之一，也是教学中最基本的模式之一，它多用于以训练行为技能为目的的教学。通过这种模式所掌握的一些基本行为技能，对人的一生都是十分有用的。这一模式的基本程序是：定向—参与性练习—自主练习—迁移。

定向：教师在这个阶段的主要职责，一是向学习者阐明所要掌握的行为技能并解释完成技能的操作原理和程序；二是向学习者演示示范动作。参与性练习：指有教师参加的或有教师亲临指导的练习，它从分解动作的模仿开始。为了练习的正确进行，要求对每次练习提供的信息反馈，给予及时的强化。自主练习：当学习者已经掌握了动作或操作的要领，能独立做出整套动作时，学习者就可以脱离教师在场的指导，通过加大活动量，使技能更加熟练。迁移：这是学习者学习的最高阶段，即将所用的知识潜移默化，并在新的情境中灵活运用的阶段。这个阶段，教师要通过归纳、总结、点拨，使学生形成运用知识的能力，并逐步做到熟能生巧。

在这种教学模式中，由于技能的形成主要是学生自己练习的结果，教师只起了一个组织者的作用。

（六）参与—活动式教学模式

这是近年来比较新颖的，同时也是引起较大反响的一种教学模式。它既表现于课堂教学中也表现在课外教学中。所谓参与就是一种自觉参加活动的要求。每个人都有主观能动性，都不愿自己处于消极被动的地位。很多实验证明：在班级中有对抗情绪和行为的学生中一部分人就是因为他们缺乏参与意识或被剥夺了参与活动的权利而造成的。这种模式中的参与活动有两层意思：一是指师生均以平等身份共同讨论、协商，共同提出学习内容、方法，共同解决问题，因此其中必然包括着师生之间、同学之间的情感交流，如对话、合作、友谊等。二是指教学作为社会活动的一部分，要参与到整个社会生活中去，以学生的活动为主，让学生自己围绕某个课题去找资料、定课题、做试验、搞创作。这种模式旨在提高学生学习的自主精神，培养他们自我控制、自我调节和自我评价的能力；在培养学生对他人、对社会的道德义务感方面一些学校的经验是：由于重视了学生这种参与意识的作用，诸如情境教育的运用，使一些学生对教学生活的感情由厌恶、冷漠而转变为依恋、热爱，学生的某些特殊能力也有了施展的机会，因而培养出了各种类型的小能人。

十、其他教学模式简介

（一）掌握教学模式

所谓"掌握"，其标准是某门学科教学结束时，学生应具备一套特定的知识及认知水平。教师根据教学内容的内在关联，将其划分为若干小的单元，每个单元的内容实现作出分析研究，制定出所达到的教学目标。在掌握教学中,教师对全体学生教每一个单元,及时地在教学中进行反馈和校正程序,保证学生对所学内容的掌握。掌握教学也称掌握学习。

概括地说,掌握教学是以能力优劣不等的学生集体为前提条件,以集体学习的教学方式为手段,寻求一种既能保持班级教学的优越性,又能解决传统班级教学中的"差生"问题,使每个学生都能达到一定学习水平的一种新的教学模式。

掌握教学是建立在美国教育心理学家布卢姆的教育理论上的。布卢姆认为:只要有良好的学习条件,几乎所有的人都能学好所要求的课程,因为人的学习能力差异并不像人们想象的那么大;帮助学生确立对自己的新认识,将有助于提高学生的学习水平。总之,掌握教学的理论基础建立在这样的假设上:只要提供良好的学习条件,包括正确的教学目标、完善的教学手段和成功的激励机制等,几乎任何人都能对所学的课程内容达到"掌握"的要求。

掌握教学的教学策略,主要有三个方面:

1. 制定清晰的教学目标。包括认知目标、情意目标和技能目标三大领域。

2. 实施综合性的教学评价。包括配置性评价、形成性评价和终结性评价。

3. 设计互补性的教学方法。掌握教育的教学方法不是固定的,而是根据各个学生的需要设计多样性的教学方法,使教法具有互补性。

掌握教学的教学组织大致分为四个阶段:

1. 教学准备。全面了解学生的初始特征(认知能力和情感特征);确定全面明细的教学目标(学期目标、阶段目标和单元目标)。

2. 集体教学。依据事先制定的教学目标双向表组织教学过程;采取恰当的教学方法。

3. 适时反馈。把学生学习上的落后及时地揭示出来,以便在以后的学习落后之前就得到矫正。

4. 及时矫正。遵循针对性原则、个别化原则和转换性原则。

(二)范例教学模式

范例教学模式是通过教材中的典型事例的研究,使学生从个别到一般,掌握教材结构,获得基础性知识的一种教学模式,又称范例方式教学论。"范例教学"的设想最先由德国历史学家海姆佩尔提出,经德国蒂根宾会议讨论和瓦·根舍因、克拉夫基等实践探讨，成为现代教学论三大流派之一的范例教学模式。

范例教学理论是以"知识迁移"理论为主要依据，运用系统方法整体研究教学内容，促进学生由"知"向"能"的发展。范例教学的关键是对"范例"的精心筛选和组织运用。每个范例既反映学科的整体（能反映出同一类内容的基本特征），又反映学习者的整体。范例教学的目标是实现学生对"类"知识的把握，在认识途径上充分运用"知识迁移"理论，在对个别的典型范例的认识基础上，以个案为起点，从而扩展到对"类"知识的理解和把握。

范例教学模式的教学原则最主要有三个：

1. 基本性原则。强调教学应教给学生基本的要素，就是基本事实、基本概念和事物发展的基本规律等。

2. 基础性原则。强调教学内容要适应学生智力发展的水平，从学生基本经验出发，促进学生智力的发展。

3. 范例性原则。教学内容必须是经过精心筛选的、起到范例作用的基本知识。

范例教学模式的组织技术分为四个阶段：

1. 范例性地阐明"个"的阶段。教师以精心选择的具有典型性的特例，运用直观的方法，让学生通过具体范例的学习，认识某一事物的本质和特征。

2. 范例性地阐明"类"的阶段。从对"个"的认识出发，探讨一类事物的共同特征，从而达到对同类事物的更本质的关系——规律性的认识。即从"个"向"类"的迁移。

3. 范例性地掌握规律和范畴的相互关系阶段。通过对"个"和"类"的分析、认识，使学生的认识上升为对普遍性的规律的认识。

4. 范例性地获得关于世界与生活经验的阶段。

（三）程序教学模式

程序教学模式是应用机器技术手段的一种个别化教学方式。它依靠程序编制者对学习过程的设想，把教学内容分解成若干个分项目，然后按一定顺序加以排列，对每个项目提出问题，通过教学机器或程序教材呈现，要求学生作出选择反映或构答反映，然后给予正确答案以便核对。

运用程序教学模式进行教学，在教学策略上，要遵循以下基本原则：

1. 低起点、小步子原则；

2. 自定步调原则；

3. 积极反应原则；

4. 及时反馈原则；

5. 低错误率原则。其教学组织技术分为四个阶段：编程——把教材分成若干个可以分离的部分，然后把它们组成有逻辑的顺序；定步——确定教学活动的速度；反应——教师以问题的形式，通过教学机器或程序教材给学生呈现知识，使学生能够对一个个问题作出积极的反应；强化——使学生对习得知识的巩固与保持。

（四）发现教学模式

发现教学模式又称概念获得教学模式。任何学科都有自己独特的概念体系，它是学生掌握该学科的基础。帮助学生有效地学习概念是教学的一个根本目的，但如何实现这个目的，有两种不同的途径：一种是由教师提供并阐明现成概念，学生作为接受者被动地接受概念；另一种是让学生参与探究所学概念的形成过程，学生作为探索者主动地发现概念。发现教学就是让学生在教师的指导下，积极参与教学活动，通过主动的思索与探究，发现事物的内在联系，形成概念，获得原理，同时掌握思维的方法。

发现教学模式是以布鲁纳的教学理论为依据，其基本点可以概括为：每门学科都有一个基本结构；通过概念的形成与掌握帮助学生形成认知结构；认知结构的形成是一种发现的活动，对学生认知结构形成具有决定作用的条件是学科的知识结构和学生内在动机的激发。

构成发现教学的策略，主要有四条基本原则：动机原则——激起学生对发现的兴奋感和自信感。结构原则——每门学科的知识都是有结构的，可以用一种简明的、连贯的形式呈现出来。序列原则——按最佳顺序呈现教学内容。强化原则——帮助学生解决问题。

发现教学的组织技术是：

1. 带着问题意识观察具体事实；

2. 树立假设；

3. 上升到概念；

4. 转化为活的能力。即把学到的概念用到新的问题情境中去。

（五）情境教学模式

情境教学模式，就是运用各种教学媒体创设以渗透教学目标、充满美感和智慧的情境，将学生置于特定的氛围中，形成一种心理环境，使学生产生情移效应，获得在其他情况下无法得到的情感。

采用情境教学模式进行教学，在教学策略上有三条基本原则：

1. 情境适应原则。情境教学的一个重要特点，就是要运用各种教学媒体，把与教学内容有关的情境全貌呈现在学生面前，让学生在整体情境的把握中展开认知。但复现的情境必须符合学生的知识背景和认知能力，把需要解决的问题以及要形成的概念，有意识地巧妙地寓于恰当的情境之中。这些情境要有充分的适应性，适应学生的认知水平，这样，学生才会主动地去适应情境，引起兴趣，达到智力活动的最佳状态，完成对情境问题的探究。情境设置要符合三个要求：情境信息有一定量度；情境问题有一定难度；情境问题符合学生探究的深度。

2. 情感激发原则。设法使学生的情感激发，达到移情境界。

3. 情理统一原则。情境、情感、理智三者的和谐统一，是教学追求的最佳境界。

情境教学是生动、具体、形象的教学模式，它注意发挥学生的观察力、想象力和思维力，激发学生积极、丰富的情感因素，其教学过程有以下几个阶段：

1. 创设情境——通过实物、各种媒体、角色扮演等方法创设现实的和虚拟的教学情境；

2. 观察想象——面对情境设置，学生在教师的指导下，有目的、多角度地观察，使头脑中积累的旧知识和观察到的表象重新组合；

3. 激发情感；

4. 情能转化——让学生的学习由情境体验转化到智能发展上来，掌握、活用、创新。

（六）分层教学模式

所谓分层教学模式，即在班级集体教学中，依照教学大纲或课程标准的要求，从好、中、差各类学生的实际出发，确定不同层次的要求，设计不同的教学方法，给予不同层次的辅导，组织不同层次的检测，使基础不同的学生的学习，人人有兴趣，个个有所得，在各自的"最近发现区"得到充分发展的教学模式。

分层教学的教学策略是：

1. 分层确定学生组别；

2. 分层制定教学目标；

3. 分层设计教学方法；

4. 分层设计作业练习；

5. 分层指导课外活动；

6. 分层进行单元检测；

7. 定期进行层次调整。

分层教学模式的教学组织技术关键有两个：一是如何分层，二是层次如何调整。关于如何分层，中小学在实践中创造了多种方法，概括起来有三种。一种是综合编班，学科分开；第二种是综合编班，班内分组；第三种是综合编班，分层作业。对不同层次定期加以调整，使分层成为一个动态过程，而不是一分定终身。

十一、现代教学方法的基本特征有哪些？

（一）目标追求的综合性

目标追求的综合性是指现代教学方法不仅重视知识的传授，重视教学过程中认知目标的实现，而且重视情感的激发、技能的训练和培养，重视认知目标和非认知目标的综合追求。

（二）活动方式的多样性

活动方式的多样性是指现代教学方法运作过程中师生活动的方式是多方位的。不仅有教师向学生传授知识的活动，有生师、生生、师师之间的活动交流，还有师生和其他因素之间的活动交流。

（三）互动交流的情感性

互动交流的情感性是指现代教学方法更加注重方法运用过程中师生互动交流的情感因素，并使这种情感因素成为推动教学进程，沟通互动交流，影响教学效果的重要方面。

（四）运作过程的探究性

运作过程的探究性是指现代教学方法不仅重视让学生从教师的传授中获取知识，培养技能，而且更注重在教学方法运作过程中让学生在教师的引导下通过自身的探究和创造性地获取、掌握知识，发展自己的能力，从而把学习和掌握人类已有知识的过程变为探究人类已有知识、发展学生能力的过程。

（五）选择、使用的科技性

选择、使用的科技性是指现代教学方法在选择使用的具体方式和手段上更多地表现出现代科技成果在教学上的运用（包括理念形态的科技成果和物化形态的科技成果在教学上的运用，特别是有关儿童身心发展规律的研究成果和现代教育技术成就在教学方法中得到广泛运用）。现代科技成果的运用促进了多种教学方法的组合，以及教学方法和教学组织形式的组合。

十二、现代教学方法存在的问题是什么？

（一）传授知识的基础性与系统性脱节

布鲁纳的结构主义教学理论、赞可夫的教学与发展理论和根舍因的范例教学理论被视为现代教学论改革的三大流派。它们都强调传授知识的基础性，同时在实际教学中也都显示出系统性的不足。尤其是范例教学法，以课题（问题）代替了传统的系统教材，完全打破了原有学科的完整知识体系。如何把知识的基础性与系统性较好地结合起来，是现代教学方法悬而未决的一大问题。

（二）忽视教师的实际教学能力

为了适应社会发展和教育改革的要求，一系列新的教学方法应运而生，但综观教学第一线的反应，回应者寥寥无几。其中一个重要原因就是新的教学方法对中小学教师教学能力的把握不够，要求过高，大多数教师难以胜任。

（三）缺少一定的普遍意义

新的教学方法不能普及与推广，原因是多方面的，但从根本上说，与教学方法本身不具有普遍意义有关。教学方法的普遍意义是指教学方法在较大的范围内对教学实践有较强的适用性。现代教学方法具有适用范围狭窄、推广意义较差的弊端。主要表现为：

1. 有的教学方法仅适用于某类学科或课程，运用在其他学科或课程上则显牵强。

2. 有的教学方法对教学情境要求过高，一旦教学情境发生变化，其效果往往适得其反。

3. 有的教学方法费时较多，在教学时间上不经济。

4. 有的教学方法在一定程度上加重了学生的学习负担。

十三、现代教学方法的发展趋势是什么？

（一）现代教学方法的理论基础日益多元化

现代教学方法的理论基础非常广泛，已不再单纯地依据某一种哲学认识论或某一门学科。这一趋势表现在系统科学、心理学、教育学、思维科学、管理学、工艺学、美学等学科的研究成果被大量运用于现代教学方法之中作为其指导理论。

（二）现代教学方法的目标取向由单一性转向全面性

教学方法是达成教学目标的工具或手段。回顾教育史，我们不难发现，教学目标的发展大致经历了这样一个历史轨迹：掌握知识→发展智力→开发非智力因素—培养技能—认知、情感、技能的协同达成。现代教学方法的目标正由单一性的取向转向对全面性发展的追求，即重视学生掌握知识与发展智能相结合，认知因素与非认知因素相结合。

（三）现代教学方法的内容构成走向模式化

现代教学方法不仅包含各种具体的教学方法，而且还反映了人们对教学活动的特定观念、意向和态度，涵盖了一定的基本原理、教学目标、教学原则、过程结构、教学组织形式、教学手段等内容。这表明，教学方法有走向模式化的趋势。

（四）现代教学方法的手段日趋现代化

特别是 CAI 课件设计的智能化、专门化、灵活化，以及教学视听设备的自动化、微型化、综合化，使现代化教学手段的应用范围日趋广泛。

（五）现代教学方法的选择使用趋向综合化

教学方法之间的关系不是排他的，而是相互联系、相互补充的。因此，教师应综合优化使用各种教学方法，充分发挥教学方法体系的整体功能。

十四、什么是教学设计？

教学设计是教学活动的筹划过程，主要包括教学分析、教学决策、教学评价与调整三个方面。学习理论、传播理论和教学论是教学设计的理论基础。教学设计采用系统方法，是一个不断完善的过程。教学设计应从教的角度转向学的角度去设计。

十五、教学设计的基本内容有哪些？

教学设计的内容大体可分为三个方面：

（一）教学分析。教学分析是教学设计的起点，它要解决的是通过分析教材内容和学生实际情况为下一步教学综合性的决策作奠基。教学内容分析是在准确理解教学大纲或课程标准的基础上对教材进行内在联系、教学任务、教材功能等方面的分析。学生状况分析包括学生的情感态度、学习风格习惯、原有的知识储备等因素。

（二）教学决策。在教学分析的基础上系统地筹划学与教的过程。包括教学目标的制定、教学策略的选择、教学内容的组织与安排、教学活动的设计、教学方法的选择、教学媒体手段的运用等。

（三）教学评价和调整。即对预先设计的教学方案进行评价、修改，使教学设计趋于完善。

十六、什么是学习方式？

学习方式是学习者持续一贯表现出来的学习策略和学习倾向的总和。学习策略指学习者为完成学习任务或实现学习目标而采用的一系列步骤，其中某一特定步骤称为学习方法。例如，有的学生倾向于借助具体形象进行记忆和思考，有的学生偏爱运用概念进行分析、判断和推理，有人善于运用视觉通道（读与看），有人倾向于运用听觉通道（听讲、听广播），也有人喜欢运用动觉通道（动手做一做或自己说一遍）。

学习倾向包括学习情绪、态度、动机、坚持性以及对学习环境、学习内容等方面的偏爱。比如，有人必须在绝对安静的环境中才能专心学习，而有人却喜欢在音乐的陪伴下学习，还有人能够在嘈杂的环境中有效地工作和学习；有的学生为获取家长许诺的奖励而学习，有的学生却能够从学习的过程中感受到乐趣；有人喜欢在竞争中学习，也有人偏爱合作学习。

我们应该明确学习方式不是学习方法，学习方式是比学习方法更上位的东西，两者类似战略与战术的关系。学习方式相对稳定，学习方法相对灵活。学习方式不仅包括相对的学习方法，而且涉及学习习惯、学习意识、学习态度、学习品质等心理因素和，心灵力量。

现代学习方式不是特指某一具体的方式或几种方式的总和，从本质上讲，现代学习方式是以弘扬人的主体性为宗旨、以促进人的可持续性发展为目的，是由许多具体方式构成的多维度、具有不同层次结构的开放系统。

十七、现代学习方式有哪些特征？

现代学习方式具有五个基本特征：

（一）主动性

主动性是现代学习方式的首要特征，它对应于传统学习方式的被动性，两者在学生的具体学习活动中表现为：我要学和要我学。我要学是基于学生对学习的一种内在需要，要我学则是基于外在的诱因和强制。

学生学习的内在需要表现为两个方面，一方面表现为学习兴趣。兴趣有直接和间接之分，直接兴趣指向过程本身，间接兴趣指向活动结果。学生有了学习兴趣，特别是直接兴趣，学习活动对他来说就不是一种负担，而是一种享受，一种愉快的体验，学生会越学越想学、越学越爱学，有兴趣的学习事半功倍。相反，如果学生对学习不感兴趣，情况就大相径庭了。学生在逼迫的状态下被动的学习，效果必定是事倍功半。另一方面表现为学习责任。学习是谁的事情，谁应当对学习承担责任？这是一个很重要的问题。教师当然应当对学生的学习负责，但是如果学生自己意识不到学习的责任，不能把学习跟自己的生活、生命、成长、发展有机联系起来，这种学习就不是真正的自我学习，只有当学生自觉地担负起学习的责任时，学生的学习才是一种真正的有意义的学习。

（二）独立性

独立性是现代学习方式的核心特征，它对应于传统学习方式的依赖性。如果说主动性表现为我要学，独立性则表现为我能学。

研究和实践都充分表明，每个学生都有相当强的潜在的和显在的独立学习能力，不仅如此，每个学生同时都有一种独立的要求，都有一种表现自己独立学习能力的欲望。因此，教师要充分尊重学生的独立性，积极鼓励学生独立学习，并创造各种机会让学生独立学习，从而让学生发挥自己的独立性，培养独立学习的能力。

从教与学的关系来说，整个教学过程是一个"从教到学"的转化过程，即从依赖到独立的过程。在这个过程中，教师的作用不断转化为学生的独立学习能力。随着学生独立学习能力的由弱到强、由小到大的增长和提高，教师的作用在量上也发生了相反的变化，最后是学生基本独立甚至完全独立。

（三）独特性

每个学生都有自己的内心世界、精神世界和内在感受，有着不同于他人的观察、思考和解决问题的方式。也就是说，每个学生的学习方式本质上都是其独特个性的体现。实际上，有效的学习方式都是个性化的，没有放之四海而皆准的统一方式，对某个学生有效的方式，对他人却未必有效。

独特性同时也意味着差异性。不同学生在学习同一内容时，实际具备的认知基础和情感准备以及学习能力倾向不一样，决定了不同学生对同样内容的学习速度和掌握它需要的时间及所需要的帮助不一样。传统教学忽视学生的个体差异，要求所有学生在同样的时间内，运用同样的学习条件，以同样的学习速度掌握同样的学习内容，并要求达到同样的学习水平和质量，犹如让同一年级的所有学生都穿同一尺码的鞋一样，阻碍了学生的发展。现代学习方式尊重学生的差异，并把它视为一种亟待开发和利用的教育教学资源，努力实现学生学习的个体化和教师指导的针对性。

（四）体验性

体验是指由身体性活动和直接经验而产生的感情和意识。研究表明，有了体验知识的学习不再是仅仅属于认知和理性范畴，它已扩展到情感、生理和人格等领域，从而使学习过程不仅是知识增长的过程，同时也是身心和人格健全与发展的过程。所以体验使学习进入生命领域。

体验性是现代学习方式的突出特征。在实际的学习活动中，它表现为两个层面：

1. 强调身体性参与。学习不仅要用自己的脑子思考，而且要用自己的眼睛看，用自己的耳朵听，用自己的嘴说话，用自己的手操作，即用自己的身体去亲身经历，用自己的心灵去亲自感悟。这不仅是理解知识的需要，更是激发学生生命活力，促进学生生命成长的需要。所以，新课改特别强调学生"参与"，强调学生"活动"，强调学生"操作"，强调学生"实践"，强调学生"考察"，强调学生"调查"，强调学生"探究"，强调学生"经历"。

2. 重视直接经验。从课程上讲，重视直接经验就是要把学生的个人知识、直接经验、生活世界看成是重要的课程资源；尊重"儿童文化"，发掘"童心"、"童趣"的课程价值。从教学角度讲，就是要鼓励学生对教科书的自我解读、自我理解，尊重学生的个人感受和独特见解，使学习过程成为一个富有个性的过程。从学习角度来说，就是要把学生直接经验的改造、发展作为学习的重要目的，使间接经验整合转化为学生的直接经验，成为学生素质的有机组成部分；否则，就会失去其教育意义和发展人的价值。

（五）问题性

问题是科学研究的出发点，是开启任何一门科学的钥匙。没有问题就不会有解释问题和解决问题的思想、方法和知识，所以说，问题是思想方法、知识积累和发展的逻辑力量，是生长新思想、新方法、新知识的种子。学生学习同样必须重视问题的作用。现代教学论研究指出，从本质上讲，感知不是学习产生的根本原因（尽管学生学习需要感知的），产生学习的根本原因是问题。没有问题也就难以诱发和激起求知欲，没有问题，感觉不到问题的存在，学生也就不会去深入思考，那么学习也就只能是表层和形式的。所以，现代学习方式特别强调问题在学习活动中的重要性。

一方面强调通过问题来进行学习，把问题看做是学习的动力、起点和贯穿学习过程中的主线；另一方面通过学习来生成问题，把学习过程看成是发现问题、提出问题、分析问题和解决问题的过程。

在教学过程中，特别强调的是问题意识的形成和培养。问题意识是指问题成为学生感知和思维的对象，从而在学生心里造成一种悬而未决但又必须解决的求知状态。问题意识会激发学生强烈的学习愿望，从而注意力高度集中，积极主动地投入学习；问题意识还可以激发学生勇于探索、创造和追求真理的科学精神。没有强烈的问题意识，就不可能有认识的冲动性和思维的活跃性，更不可能有求异思维和创造思维。总之，问题意识是学生进行学习，特别是进行发现学习、探究学习、研究性学习的重要心理因素。

十八、21 世纪应该如何学习？

21 世纪，新的教育哲学观的一个基本特征是"人才培养，应该从以学科为中心向以学习者为中心转变"。面向未来，"我们需要一种新的具有更高整体化的求知方式。"以学习者为中心，以综合为特征，学会创造性地学习，是新世纪教育的新理念。

以学习者为中心，注重的是学生独立思考、自主学习的能力.通过教与学传统方式的改变，师生共同建立起平等、民主、教学相长的教学过程，提高学生分析解决问题的能力，使教与学的重心不再仅仅放在获取知识上，而是转到学会学习、掌握学习方法上，强调的是教学生学.使被动的接受式学习转向主动的探索性学习。这是一种科学的、先进的、高层次的学习方式，这种学习方式有利于实现教育的综合性。如今，发达国家流行一种教育新理念"方案教学"，根据学生的生活经验和兴趣确定三题，并以该主题为中心扩散，编制主题网络，将概念予以分化、扩大.让学生通过自己的学习，探索概念的内涵。在编制主题网络时，涉及学生的认知、语言、情感、社会性、体能等各个发展领域，将游戏、故事、绘画、手工、音乐、计算等方面的内容融为一体，这是 21 世纪一种先进的教育观念和方法。

以学习者为中心，课程的实施大量地依赖教材、教师和校园以外的资源，因此，它是一种超越教科书、超越教师、超越课堂的学习。这种学习，强调师生在交互过程中共同建构课程内容，完成学习内容的选择、组织和编排。

十九、新的学习方式包括哪些内容？

新课程强调引导学生建立具有"主动参与，乐于探究，交流与合作"特征的学习方式，即倡导以"自主、探究、合作"为特征的学习方式。自主性、探究性和合作性是新学习方式的三个基本维度。

"自主、探究、合作"是新的学习方式的三个特征，不能将其简单地对应成三种学习方式。在学生某个具体的学习活动中，他们可能是自己独立自主地学习，也可能是与同伴合作学习进行探究，因此，他们的学习方式可能具备三个特征中的一个、两个，甚至是三个特征的综合。

二十、怎样理解学习方式的变革？

传统的学习方式把学习建立在人的客体性、受动性和依赖性的基础上，忽略了人的主动性、能动性和独立性。学生缺少自主探索、合作学习、独立获取知识的机会。转变学生的学习方式就是要转变这种单一的、他主的与被动的学习方式，让学生成为学习的主人，使学生的主体意识、能动性和创造性不断得到发展。就教与学的关系而言，教师的教育观念、教学方式的转变，最终都要落实到学生学习方式的转变上。学生学习方式的改变，则意味着要改变学生的学习态度、学习意识和学习的习惯品质。转变学习方式，实质上是教育价值观、人才观和培养模式的变革。

接受学习对知识的积累是重要的，其主要作用在于引导学生在尽可能短的时间内获得尽可能多的知识和技能，它并不必然导致学习过程的枯燥与机械。在中小学课程中，有许多陈述性的、事实性的知识运用接受学习方式可能更为有效、比较经济。接受学习现在和以后仍然有存在的意义和价值。但是过去过分强调接受，对学生的探究精神不够重视。对学生来说，长时间的，持续 6 年、9 年甚至 12 年的学校生活，如果主要以听讲、记忆、模仿、练习等方式学习的话，就不可能指望他们走向成年后，能够独立思考、富有个性和充满自信，并且具有强烈的社会责任感。新课改背景下的学习方式并不是要完全放弃接受学习，而是要创造性地继承传统的学习方式，并加以极大地丰富。就是说要在剔除传统学习方式中的糟粕的基础上，凸显自主、探究、合作的学习方式，并将新的理念融入接受学习方式中去。新课改是要使学生形成两个基本信念：一是坚信一切知识除非是经过自己确定的，都是可怀疑的（怀疑精神）；二是坚信一切现成的事物都是不完善的，都有改进的可能性（批判精神）。简而言之，新课改是在寻求扎实的基础培养与活跃的创新能力培养的平衡。

二十一、自主学习及其切入点

自主学习（主动学习）是就学习的内在品质而言的，与其相对的是"他主学习"。

他主学习，就是学生亦步亦趋地跟着老师学，学生被老师牵着鼻子走，老师是学生学习的主人。如学什么，怎么学，时间怎么安排，第一段看什么，第二段看什么，碰到问题怎么思考，都由老师做主，老师说了算，学生没有自主性。但是学习还是学生自己在学习，他的经验的积累、变化，还是他自己的，只是在别人的引导、规划下实现这一点。

自主学习就是自己作为学习的主人；学习是我自己的事情，我能够学，我尽量自己学；不懂的，不会的，在同学的帮助下，在老师的引导下再思考。

华东师范大学庞维国教授将自主学习概括为：建立在自我意识发展基础上的"能学"，建立在具有内在学习动机基础上的"想学"，建立在掌握了一定的学习策略基础上的"会学"，建立在意志努力基础上的'坚持学"。

自主学习的核心品质和灵魂是独立性，基本特征是主动性。自主学习具有四个特点：参与学习目标的提出，自己制定学习进度，参与设计评价指标；发展各种思考策略和学习策略，在解决问题中学习；有情感的投入，有内在动力的支持，能从学习中获得积极的情感体验；对认知活动能够进行自我监控，并作出相应的调适。

自主学习应该从学生情感的投入开始，通过培养兴趣，让学生发现自我，找到自我。

二十二、建立自主学习的机制有哪些参考策略？

（一）尊重学生是自主学习的前提。

要使学生主动参与学习，必须使学生对学习有兴趣；要使学生有兴趣，必须要留给学生学习的自由；要留给学生学习的自由，必须充分尊重学生。

（二）创设良好的课堂心理气氛是自主学习的保障。

和谐向上的心理环境；优化的物质环境。

（三）让学生有成功感是自主学习的激励机制。

给每一名学生以期望和鼓励，及时使用肯定评价性语言；教给学生学习方法。

二十三、探究学习及其切入点

新课改中最一致、最突出的一个共同新事物就是探究学习。探究学习也是这次课改中最大的亮点之一，同时也是这次课程改革中最难的新探索。

探究学习可以定义为：学生在学科领域和现实生活的情境中，通过发现问题、调查研究、动手操作、表达与交流等探究性活动，获得知识、技能和态度的学习方式和学习过程。

探究学习的主要内容不是给予的，是从学科来源或现实社会生活中选择和确定主题或目标，首要任务是有所发现，发现后再内化内容成为认知结构。

二十四、实施探究学习应该注意哪些问题？

现代教学论认为，教学应当力求使学生自己进行知识的建构，而不是要求他们复制知识。让学生从自己的生活实践中学习，则可以使学生从自己的经验中学会认识并建构自己的认识。学习是经验的重新组合和重新解释的过程，学习应该多样化。现实的、有趣的、探究性的学习活动应该成为学习的主要形式之一，问题解决等学习活动应该处于重要的地位。

探究学习，必须让学生学会提出问题，要逐步培养学生自己发现问题与提出问题的能力。这种能力的提高需要时间，教师应制定好有关的课时计划、单元计划与中长期计划。最初可以由教师指定探究问题，然后逐步放手让学生自己提出问题，最后实现由学生独立提出问题。

帮助学生学会提出问题的参考策略有：将兴趣转化为适合合作探究的问题。创设情境引发、引导学生提出问题的兴趣，呈现矛盾的现象及其不同解释，如演示出乎学生预测、引发学生疑问的现象。头脑风暴——鼓励学生尽量提出问题，互相启发，而不作任何评判。故意唱反调，或反问几句为什么，使问题深化、清晰。引发学生的不同观点，产生争议性问题。提供提出问题的范例——其他同学提出问题或科学家提出问题的过程。问题枝干训练：要求学生利用一些问题枝干来提问，以此来训练学生提出不同类型的问题：如为什么……；……和……有什么关系？……对……有什么影响？如何设计……？有什么证据可以说明？

探究学习还应注意时间与空间：探究要有一定的时间和空间。从挑战性问题出发：并不是任何的问题都可以引起学生的兴趣与探究，只有富于挑战性的问题才能激发起学生的探究兴趣。关注过程：在探究的过程中不只是学习知识，同时也让学生有了多种体验。

二十五、实施探究学习的基本流程是什么?

探究学习的基本流程:设疑(发现问题):以学生已有知识为基础、以生活与学习中的经验为背景,设置有一定容量和开放度的问题;探究(研究问题):采取阅读、观察、实验、联想、试探、验证等方式进行活动,教师有针对性的指导。归纳(问题解决):通过互相交流,将知识和技能系统化;应用(知识迁移):是新知识的形成过程,精心设计有层次性、典型性和创造性的练习题。

二十六、什么是合作学习?

合作学习是针对教学条件下学习的组织形式而言的,与其相对的是"个体学习"。合作学习是指学生在小组或团队中为了完成共同的任务,有明确的责任分工的互助性学习。

合作不是一种服从,而是一种相互认同、相互接纳,每个人都要为自己所在小组的其他同伴的学习负责。合作动机和个人责任是合作学习产生良好教学效果的关键。合作学习将个人之间的竞争转化为小组之间的竞争,有助于培养学生合作的精神和竞争意识,可以弥补一个教师难以面向有差异的众多学生的教学的不足,从而真正实现使每个学生都能得到发展的目标。在合作学习中,由于有学生的积极参与,高密度的交互作用和积极的自我概念,使教学过程远远不只是一个认知的过程,同时还是一个交往与审美的过程。

二十七、合作学习有哪些要素?

完成合作学习需要注意以下要素:相互支持、配合,特别是面对面的促进性互动;承担在完成共同任务中个人的责任;所有学生能有效地沟通，相互信任，有效地解决组内冲突；对个人完成的任务进行小组加工；对共同活动的成效进行评估，寻求提高其有效性的途径。

二十八、怎样进行合作学习的分组?

合作学习的分组原则是组内异质，组间同质。

组内异质即异质分组，就是在分组时，使小组内各成员间形成性别、学习成绩、能力方面的差异。还可以考虑家庭经济、社会背景和性格、脾气等方面的差异。由于每个小组都是异质的，所以就连带产生了各小组之间的同质性。组内异质为小组成员内部互相帮助提供了可能，而组间同质又为每个小组间的公平竞争打下了基础。

强调异质分组是因为它可以让学生懂得，每一个人都有长处和不足，人的智能、个性、才干是多样的，只要既善待自我，又欣赏别人，既知己又知人，才能发挥出最大的团队学习效应。

合作学习小组一般不提倡学生自愿组合，学生的意愿只能作为参考。教师要向学生说明，合作学习小组不是纯粹的交友小组或娱乐小组，而是一个协同共事的团队。

合作小组应该由几个人组成，实际上是一个动态的过程。既要考虑学生自身的交往能力强弱，也要考虑学习任务的难易程度。一般可以2人配对、4人相邻合作学习，6人分组可以采取马蹄形排座，8人分组可以采用双人双排课桌前后相邻，等等。要循序渐进，取得经验之后再深化发展。

二十九、怎样帮助学生在合作学习中提高社交技能?

导致合作学习小组解体或学习不能顺利进行的最主要因素就是小组成员不会合作。导致学生不合作的原因往往不是学生缺乏合作的愿望，而是学生缺乏合作的方法——社交技能。所以，教师最好在传授专业知识的同时教给学生掌握必要的社交技能（如请求发言、遵循指导、称赞他人、澄清观点、支持反馈、互相检查、表示疑义、提出建议、概括小结等）。

好的社交技能对学生的发展具有重要价值，它们不仅能够使学生在小组里学到更多的东西，同时对学生与家人和朋友和睦相处以及在未来事业上取得成功都是至关重要的。

三十、促进小组成员之间建立积极、相互依赖关系有哪些参考策略？

合作学习小组中的每个成员都必须承担一定的任务，小组的成功取决于所有组员个人的学习和合作。促进小组成员之间建立积极、相互依赖关系的策略有：给小组设计富有特色的名称；确定小组学习的共同目标；进行角色分配，使每个人的角色互补或相关，如组长、检查员、记录员、报告员等；共享资源，使每一成员所负责的任务成为其他成员完成相应任务的基础；建立互相制约的奖励系统。

三十一、实施合作学习中应该注意哪些事项？

实施合作学习首先要注意不是所有的课堂学习内容都要采用合作的学习方式。全班教学、小组学习和个人独立学习是三种基本的课堂组织方式，其作用难以互相取代，应该根据教学任务、教学主体与教学环境条件等因素恰当地选择匹配。一般来说，较简单的认知学习任务，只需要个人独立自学或开展全班教学即可。而较复杂、综合的学习任务，可以采用不同的合作学习方式。其次，小组内的角色分配和分工不是固定不变的，应该轮流担任，实现每个人都有体验，增进生生互动的有效性。

实施合作学习中，教师还应注意对学生进行以下几方面的训练与监督：尊重与欣赏他人，善于倾听他人的观点；自信与创造，个性化地表达自己的思想；互相碰撞，加强沟通，形成共识；相互补充、支持与配合，拓展思维。

在互动中理解个人与集体智慧的价值。

三十二、有哪些活动形式可以训练学生形成有效的学习方式？

改变学生的学习方式，要从单一、被动的学习方式向多样化的学习方式转变。虽然探索性、发现性学习是学生主要的学习方式之一，但并不是学校学习方式的全部内涵，还有一些活动形式可以帮助学生形成有效的学习方式：

（一）研究性学习

研究性学习是指学生在教师的指导下，从学习生活和社会生活中选择和确定研究专题，主动获得知识，应用知识，解决问题的学习活动。研究性学习的核心活动是课题或项目探究活动，即在教师的组织指导下，学生主动地模仿和遵循科学研究的一般过程，选择一定的课题，通过调查、观察、测量、文献资料搜集等手段，收集大量的研究资料和事实资料，运用实验、实证等研究方法，对课题展开研究，解决问题，并撰写研究报告和研究论文。研究性学习一般包括三个阶段：第一，进入问题情境阶段；第二，实践体验阶段；第三，表达和交流阶段。研究性学习的基本特点是：开发性、问题性和社会性与实践性。

（二）hands – on 的活动

hands – on 意思是动手活动。美国科学家总结出来的这一教育思想和方法，目的在于让学生以更科学的方法学习知识，尤其强调对学生学习方法、思维方法、学习态度的培养。什么是 hands – on 方案呢？这一方案有以下几个特点：第一，强调动手实践活动，强调从周围生活中取材；第二，强调学生主动学习；第三，不仅强调对知识的学习，而且更重要的是强调对学生学习方法、思维方法、学习态度的培养；第四，hands – on 提倡合作交流，强调在活动过程中，学生应该与同伴进行交流，向教师阐述自己的观点，与其他同学及不同实验结果进行比较，以检验其观点和实验结果的准确性和有效性；第五，hands－on 活动是围绕一定的主题进行的，每一个主题都应使学生有足够的时间进行探索和交流。

（三）在计算机环境中学习

教学活动是借助于一定的手段、工具展开的。教学活动的具体过程、组织方式以及质量效益等都和教学活动中使用的工具密切相关。可以说，不断地把人类在社会生产与生活中创造出来的新技术、新设备加以改造并运用到教学活动中，这是人类教学进步的重要动力，是教学效率和效果得以不断提高的重要物质保证。21 世纪，包括计算机在内的现代科学技术，将进一步发展。现代技术的发展无疑将极大地影响教育的现状，学校的教学条件将得到进一步的改善。当前，计算机在教学中的应用已经成为一个热点问题，计算机将成为学生探索知识的有力工具。

（四）小课题和长作业

长期以来，学生学习好像与研究无关，搞课题似乎是大人的事。目前，进行小课题研究已经成为国内外教学中作业布置的一个重要趋势。在美国，小课题称为 project。在美国教学材料中，有很多 proiect，学生非常有兴趣地完成这些小课题。在完成小课题时，学生往往进行合作交流。在我国，小课题的研究也受到极大的重视，成为改善学生学习方式的一个重要方法。

学生进行这些小课题学习有以下几个特点：首先，要有一个比较大的问题，这个问题对于学生来说具备进行探索的余地和思考的空间。第二，学生进行小课题的学习是一种研究性的学习，过程是非常重要的。学生经历一个收集信息、处理信息和得出结论的过程，在此过程中学会一些探索的方法。第三，学生具有一定的自主性，教师起引导的作用。第四，对小课题的评估主要不是看结果，而是注重过程。第五，小课题的呈现主要通过学生对实物和具体模型的操作，其内容结合身边的事物。第六，小课题的学习过程对于学生来说是有趣的。这种学习的形式使学生在实际生活经验的情景中，感知和体验知识，初步了解一些规律，学会利用知识与技能解决简单的现实问题。

小课题可以在课堂中通过合作学习方式完成，也可以通过作业形式布置，即要求学生经过一段时间的工作完成这一作业。这一段时间可以延续几周或者几个月，这就是长作业。长作业是课题学习在课外的延伸。

三十三、作为学习方式的"研究性学习"与作为课程的"研究性学习"，二者是什么关系？

作为一种学习方式，"研究性学习"是指教师或其他成人不把现成结论告诉学生，而是学生自己在教师的指导下自主地发现问题、探究问题、获得结论的过程。"研究性学习"是与"接受性学习"相对的一个概念，这两种学习方式都是必要的。在新课改中强调"研究性学习"的重要性，是要改变把"研究性学习"完全忽略和退居边缘的状态，是想找回"研究性学习"在课程中的应有位置。作为一种学习方式，"研究性学习"是渗透于学生的所有学科、所有活动之中的。

作为一种课程形态，"研究性学习"课程是为"研究性学习方式"的充分展开所提供的相对独立的、有计划的学习机会。具体地说，是在课程计划中规定一定的课时数，以更有利于学生从事"在教师的指导下，从学习生活和社会生活中选择和确定研究专题，主动获取知识、应用知识、解决问题的学习活动"。所以，"研究性学习"课程是指向于"研究性学习方式"的定向型课程。

既然"研究性学习方式"已经渗透于学生的所有学科、所有活动之中了，为什么还要设置专门的"研究性学习"课程？由于我国基础教育长期以来习惯于分科课程和"讲解式教学"、"接受式学习"，教师往往把教学理解为讲解知识、技能、概念、原理，学生往往把学习理解为习诵、模仿和做题，这种强化的习惯势必会成为"研究性学习方式"有效渗透的强大阻力。为使"研究性学习方式"尽快深入人心，有必要设置专门的"研究性学习"课程。再者，即使各门学科有效渗透了"研究性学习方式"，也有必要设置"研究性学习"课程。因为各门学科往往局限于本门学科的知识体系、逻辑体系从事探究活动，"研究性学习"课程则强调基于学生的直接经验，密切联系学生的自身生活和社会生活，综合运用学生所有的知识对学生自主选择的问题进行跨学科探究，以获取学生自己的结论。因此，"研究性学习"课程超越了学科的视界，立足于每一个完整的人整体的生活。

三十四、如何建构新的学习方式？

（一）教师尽快更新教学观念，确立新的教学观是重中之重、根中之本

面对新课改中学习方式的变革，最重要，也是最困难的就是教师教育观念的更新。因为要排除已有的"经验"这个大阻力，除了需要参加必要的培训以外，更要靠持续不断的自我学习、自我实践，经过多次的自省、矫正来建立新观念，需要用新的教学理念置换头脑中原有的陈旧观念，需要敢于否定自我，不断超越自我，需要在实践中细腻感悟，反复验证。

这次课程改革不是以更换相对静态的学科教学大纲为目标，而是立足于关注不断变化的人，关注学生的发展。即课堂教学要完成三个目标：知识、技能，过程与方法及情感、态度、价值观。这个三维目标，不是分开的三块，不是要在知识、技能上加上情感，而是三位一体的。因为教学过程中，情感、态度、价值观是始终存在的；能力的问题，情感、态度、价值观的问题，都是依附于知识的发生、发展过程之中的，是在探索知识的过程中得以形成和发展的。

（二）教师要积极创设基于师生交往的互动、互惠的教学关系

教学是教师的"教"与学生的"学"的统一，这种统一的实质是交往。现代教学论指出，教学过程是师生交往、积极互动、共同发展的过程。没有交往，没有互动，就不存在或未发生教学，那些只有教学的形式表现而无实质性交往发生的"教学"是假教学。把教学本质定位为交往，是对教学过程的正本清源。当前师生人际关系中普遍存在着教师中心主义和管理中心主义倾向，使师生关系经常处于冲突和对立之中。改变师生关系因此成为新课改中的一个焦点。可以说，通过交往，重建人道的、和谐的、民主的、平等的师生关系是新课改的一项重要任务。交往是活动的最基本形式，亦是人的最基本的精神需要之一。所谓交往，就是客主体之间的相互作用、相互交流、相互沟通、相互理解，这是人最基本的存在方式。在教学中，交往存在着师生间的交往和生生间的交往之分。

（三）教师要努力建构新的教学策略，服务于学生的学习方式

所谓"策略"，是指教师为实现教学目标或教学意图而采用的一系列具体的问题解决行为方式。在教学中，要密切联系学生的生活世界，贴近学生的已有经验；要创造民主平等、安全和谐的教学情境与氛围，服务于学生的学习方式；要引导学生通过动手实践、主动探究、交流合作的方式，亲身经历知识的发生、发展过程；要引导学生在获得知识的过程中，学会学习、独立思考和与他人合作。

三十五、新课程中教师可采用的参考教学策略有哪些？

帮助学生确立能够达到的目标；教学方式服务于学生的学习方式；密切联系学生的生活世界；激励学生完成富有挑战性的任务；及时反馈，建造沟通的桥梁；不要限制学生思考的方向；帮助学生发现知识的个人意义；强调理解而非死记结论；经常提示本课程与其他课程的关系；引导学生创设融洽和谐的学习氛围；教师要勇于承认自己的缺失或错误。

三十六、什么是教育评价？

教育评价是依据一定社会的教育性质、教育方针和政策，对所确立的目标，运用有效的手段和方法，对实施的各种教育活动的效果、完成教育和教学任务的情况所进行的科学判定的过程。

三十七、与教育评价相关联的几个概念间的关系

（一）教育测量与教育评价——从教育评价的发展历程上看，教育评价源于教育测量

没有教育测量就没有教育评价，教育评价是教育测量发展的必然结

果，教育测量要发挥其效力必须依赖教育评价来实现。二者之间没有不可逾越的鸿沟，它们是教育测评发展史上的两个阶段。但二者毕竟不是同一概念，就其区别而言，教育测量是一种纯客观的过程，它要求测量者尽量排除价值观等主观因素的影响，以保证结果的客观性。因此，不同测量者对同一被测对象的测量结果在允许的误差范围内必须一致。同时，数量化的方法和结果形式也是它的突出特征。教育评价则不然，与测量相比，有以下三个方面突出表现：首先，评价是一种主体性活动，与主体需要以及在此基础上形成的价值观联系在一起。评价过程与结论受制于评价者的价值观，对于同一现象，不同的评价者会得出截然不同的结论。其次，评价是一种科学的判断，是对事物的有根据的预见。再次，评价是实践与认识的中介。作为一种精神活动，评价以一定的客观事实为依据，是建立在客观实践活动基础上的认识。

（二）教育评估与教育评价——教育评估与教育评价是两个非常相似的概念，在许多场合二者是可以通用的

在教育领域中，二者均指从一定社会的角度出发，按照一定的教育价值观来考察和评定被评对象的社会价值等。二者的区别是：评价更多地注重价值的判断。评估是比评价更模糊的判断，因为教育评估的对象往往是教育机构、教育团体或教育计划、方案、政策等，它们涉及的因素多，复杂性程度高，按严格定量方法实施困难很大，只能采取一些描述性的、估计性的概括结论。

（三）教育评定与教育评价——教育评定与教育评价也是一对近义词，区别不大

在教学领域，特别是在学生的学力评价方面，它们可以不加区别地使用。在教育评价发展的早期，我们可以称学生的学习评定，还可以说学生的学习成绩评价。但是，随着教育评价发展的不断深入，人们对二者赋予的含义发生了差异。教育评定主要的重点是学生以及学生学习的进展。评定程序和方法的范围非常广泛，包括各种标准化的成就和能力倾向测验、简单的多项选择式客观测验、论文答辩、口试、实践能力测验等。这些评定较评价的测验量化程度高，客观性强，有较高的信度和效度。

三十八、考试的种类有哪些？

（一）按考试性质可分为：成就考试和能力倾向考试

成就考试是对学生知识与能力的测量，目的是测量学生哪些教学内容掌握了，哪些教学内容还没有掌握；能力倾向考试是测量学生潜在的考试，即创新能力的测量。

（二）按试题类型可分为：客观性考试和主观性考试

客观性试题包括是非题、简答题、填充题和选择题等；主观性试题依据对学生所提供答案的形式、范围、长度的限制不同分为限制性试题和扩展性试题。

（三）按考试要求可分为：难度考试和速度考试

难度考试主要考查学生具有的知识和能力的水平、深度，特点是题量少、难度大、作答时间充裕；速度考试主要考查学生知识和能力或完成某种操作的熟练程度，特点是题量多、难度小、作答时间有严格限制。

（四）按解释分数方式可分为：常模参照性考试和标准参照性考试

常模参照性考试是以常模为标准来解释分数意义的考试。所谓常模是指对被测对象具有代表性团体的平均分数。标准参照性考试是以预先确定的目标为标准来解释分数的考试，也就是将每个学生的考试成绩与预定的标准比较，看其是否达标，以及达标的程度。

三十九、考试的功能是什么？

（一）导向功能

是指学生在对学习内容、方法、目标乃至发展方向的选择方面，均可能受到考试导向的牵引。考试引导学生学习和教师教学，即使教学内容已经转化，学生和教师仍然可以从考题中接受引导，从以前的轨迹中找到今后的门径。因此，考试最容易成为左右学生智能发展方向和教师教学的"指挥棒"。

（二）鉴定功能

考试制度能对学生的学习情况进行全面测量，同时对教师的工作也作出相应的鉴定，即通过考试所提供的信息，对考试结果进行不同形式的比较鉴定，来判断教学质量的升降及不同地区、学校、班级、教师、学生的差异，确定教学成效的大小，找出影响教学的因素。

（三）激励功能

通过对学业成功与否的鉴别，激励学生和教师的进取心，促进他们更加勤奋地学习和工作。

（四）调节功能

通过考试获取的信息，诊断教师教育教学的成败、优劣、得失，从而调节和改进今后的教育教学活动。

四十、评价与考试的关系怎样？

评价包括多种形式和方法。从作用上划分为诊断性评价、形成性评价和总结性评价；从功能上划分为发展性评价、水平性评价、选拔性评价。考试只是评价的一种形式。

评价涉及的内容和领域非常广泛：学业知识与能力评价、一般能力评价、个性评价、行为评价、运动能力评价等。考试的内容只能涉及其中的一部分。目前的考试多为纸笔测验，一般用于水平性评估和选拔，且由于纸笔测验形式的限制，其内容多集中在知识、技能和抽象的思维和推理方面。

评价涉及发展过程与发展结果，考试通常只涉及发展结果，且只为发展结果的一部分。

总体而言，评价非常重视反馈及其促进功能，而考试较少涉及该环节。

四十一、实施素质教育与考试的关系

说到考试，人们自然想到"应试教育"，并认为它是与素质教育根本对立的。回答素质教育与"应试教育"是不是对立的问题，关键在于如何理解素质教育与"应试教育"这两个前提性概念。

关于素质教育，《中共中央、国务院关于深化教育改革，全面推进素质教育的决定》中有明确的阐释：

实施素质教育，就是全面贯彻党的教育方针，以提高国民素质为根本宗旨，以培养学生的创新精神和实践能力为重点，造就"有理想、有文化、有道德、有纪律"的、德智体美等全面发展的社会主义事业建设者和接班人。

全面推进素质教育，要面向现代化、面向世界、面向未来，使受教育者坚持学习科学文化与加强思想修养的统一；坚持学习书本知识与投身社会实践的统一；坚持实现自身价值与服务祖国人民的统一；坚持树立远大理想与进行艰苦奋斗的统一。

全面推进素质教育，是坚持面向全体学生，为学生的全面发展创造相应的条件，依法保障适龄儿童和青少年学习的基本权利，尊重学生身心发展特点和教育规律，使学生生动活泼、积极主动地得到发展。……

关于"应试教育"的含义，虽然未完全达成共识，但也已经有一个相应权威的理解，在国务院和教育部的许多文件和法规中，应试教育均被打上引号，表明它有特定的内涵：是指偏离了人的发展和社会发展的实际需要，单纯为应付考试争取高分和片面追求升学率的一种倾向。

由此可见，考试和"应试教育"并不是等同的。考试既可以为"应试教育"服务，也可以为素质教育服务。素质教育否定"应试教育"倾向，并不是要取消一切考试，而是要改革考试的目的、内容和方法，健全和完善教育评价制度。邓小平说："考试是检查学习情况和教学效果的一种重要方法，如同检查产品质量是保证工厂生产水平的必要制度一样。当然也不能迷信考试，把它当做检查学习效果的惟一方法，要认真研究、实验改进考试的内容和形式，使它的作用完善起来。"

四十二、现行的评价与考试制度存在的主要问题是什么？

20 世纪 80 年代中期以来，我国基础教育评价与考试进行了一系列的改革尝试，但现行的评价与考试制度与当前实施素质教育，推进基础教育课程改革还存在着一定的距离，主要的问题在于：在学生评价中过分强调评价的甄别与选拔功能，忽视改进与激励的功能；评价内容过于注重学业成绩，忽视学生的全面发展；强调统一标准，忽视学生的个体差异；评价方法单一，考试成为主要方法；过分关注结果而忽视过程；评价主体单一，忽视学生的参与并发挥其主动性；尚未形成健全的教师、学校评价制度等等。这些问题严重地制约了素质教育的推进，影响了亿万青少年身心健康发展。因此，改革中小学评价与考试制度已成为十分紧迫的任务。

四十三、中小学评价与考试制度改革的原则是什么？

（一）中小学评价与考试制度改革的根本目的是为了更好地促进学生的成长，促进教师教育教学水平的提高，促进学校的发展。使评价的过程成为促进发展与提高的过程，充分发挥评价的诊断与发展功能。

（二）中小学评价与考试制度改革，应全面贯彻党的教育方针，从德、智、体、美多方面评价学生的发展，培养学生具有爱国主义、集体主义精神，热爱社会主义，具有良好的思想品德、终身学习的愿望和能力、健壮的体魄和良好的心理素质以及健康的审美情趣。

（三）对学生、教师与学校的评价内容应多元化，除关注学业成就、升学率外，还要重视多方面潜能的发展，尤其是创新精神和实践能力的发展。评价标准既要体现对学生、教师与学校的基本要求，也要关注个体的差异以及发展的不同需求，提高综合素质。

（四）评价方法要多样化，除考试或测验外，还要研究制定具有科学性、简便易行的评价工具，探索便于评价者普遍使用和有利于引导学生、教师与学校进行积极的自评与他评的评价方法。

（五）对学生、教师和学校的评价不仅要注重结果，更要注重发展和变化过程。要有机地把终结性评价与形成性评价结合起来，使发展变化的过程成为评价结果的组成部分。

（六）评价主体多元化。要重视学生、教师和学校在评价过程中的作用和主体地位，使评价成为教育行政部门、学校、教师、学生和家长共同积极参与的交互活动。

四十四、如何理解新课程的评价理念？

（一）在评价功能上，由侧重甄别和选拔转向侧重发展

根据《纲要》的基本精神，新课程改革的核心理念是"一切为了学生的发展"，新课程评价改革的根本目的是为了更好地促进学生、教师、学校、课程的发展，改变评价过分强调甄别与选拔功能、忽视改进与激励功能的状况。传统教育评价有这样一个基本的假设，即在一个群体中只有极个别的个体是优秀者，大多数人都只是达到中常水平。而评价的主要目的就是要把这少数的优异者选拔出来。为此。传统教育评价比较强调评价的甄别选拔功能，热衷于排名次，比高低。如给教师排序，以此确定教师的工作实绩；给学生排序，依次证明学生的学习成效。在这一评价过程中，只有少数所谓"优秀者"能够体验成功的快乐，获得鼓励，而大多数人则成了失败者，成了上述假设的殉葬品。新课程的评价理念与此不同，它强调发挥评价的促进发展的功能，认为评价不只是教育教学过程结束时鉴别、筛选学生和教师的手段，它更应该是促进课程发展、学生发展、教师发展和学校发展的有效手段。新课程的评价理念也承认评价对象之间的发展存在差异，但它认为评价的基本目的不是为了检查课程、学生、教师、学校的发展状况或具体表现，鉴定出他们在群体中所处的位置，从而使评价对象之间的差异明确化、凝固化，而是要从这些差异的分析中去判断存在的问题与不足，发掘适合评价对象发展的教育方法，促进他们的发展和表现，让他们在现有基础上谋求实实在在的发展。总之，突出评价的发展性功能是新课程评价改革的核心，为了实现这一功能的转变，评价的主体、对象、内容、方法、结果都要随之作出相应的调整和转变。

（二）在评价的对象上，从过分关注对结果的评价逐步转向对过程的评价

传统教育评价由于其目的重在甄别、选拔，所以只关注教育活动的结果，对教育活动过程很少关注。新课程改革倡导的是以促进发展为基础的过程性评价，认为只关注结果的终结性评价，其实是对"过去"的关注，并不利于促进发展。评价是一个过程，不仅仅教育教学活动之后，同时也

119

应伴随和贯穿于教育教学活动的每一个环节。促进发展的评价不仅需要终结性的结果评价，更需要形成性的过程评价，通过关注过程而促进结果的提高，评价的重心在过程。因此，在新课程改革中，评价应更多地关注学生、教师以及学校在各个时期的进步状况。

（三）在评价的主体上，强调评价主体多元化和评价信息的多元化，重视自评、互评的作用

传统教育评价的主体是比较单一的，一般都是由教师评价学生、校长评价教师、教育行政主管部门评价学校这样一种单一模式，缺乏学生、教师、学校的自我评价和学生之间、教师之间、学校之间的互相评价，也缺乏家长和社会各界对教育评价的参与。这样的评价模式，使评价信息来源单一，评价结论也很容易出现片面、主观等问题，难以保证评价结果的客观、公正。而且这种评价模式所体现的评价价值取向实质上还停留在目标取向的评价水平，即使有时我们强调评价者对被评价者的理解，评价者与被评价者仍然处于一种不平等的地位，被评价者仍然只是被评价、被理解的对象，处于消极、被动状态。这样的状态往往造成被评价者对评价的对立、拒绝心理，非常不利于评价结果的反馈、认同，不利于评价的改进和发展功能的发挥。随着教育过程民主化、人性化的发展，这样的评价状况已经开始发生变化。如，在美国、英国等欧美国家，学生和家长可以共同参与对教师的评价，还可以参与各种评价体系或评价指标的建立，并可就教师对自己的评价结果进行申诉，发表不同的意见等等。在这里，传统的被评价者成了评价主体中的一员，并在主动参与中加强了各评价主体彼此之间的互动。我国的新课程改革顺应了这一评价改革的潮流，强调改变单一评价主体的现状；实施多主体评价，即加强学生、教师、学校的自评和互评，倾听家长和社会对教师、学校教育教学活动的评价和呼声，畅通多方面信息反馈的渠道，使评价真正成为教师、管理者、学生、家长、专业人士共同参与的交互活动。这样，一方面可以使评价信息的来源更为丰富，从而使评价结果更加全面、真实；另一方面也有利于被评价者的自我评价、自我发展能力的提升，有利于评价各方与他人合作的精神和技巧的增强。

（四）在评价的结果上，不只是关注评价结果的准确、公正，而是更强调评价结果的反馈以及被评价者对评价结果的认同和对原有状态的改进

传统教育评价的目的主要是检查和评比，因此非常关注评价结果的科

学性、准确性、公正性和客观性，视之为评价的生命。为了保证这种准确、公正和客观，人们要求评价者做到价值中立，运用各种标准的评价工具进行纯客观的评价；拒斥被评价者对评价的介入，不允许被评价者之间相互交流探讨，反对被评价者与评价者之间的沟通和协商，使评价变成了一个机械、死板、对立的过程。在这样的评价过程中，被评价者极容易对评价结果产生对立、反感、抵触情绪，非常不利于评价结果的反馈、认同，更谈不上根据评价结果实施改进。为了克服传统教育评价的上述弊端，新课程的评价非常关注评价结果的认同问题，即如何使评价对象最大限度地接收评价结果，并在反思中变"结果"为"新起点"，在更高水平上获得发展。在这里，虽然仍强调评价结果的准确、公正，但这已不再是评价的最终目的，而只是通过评价发现问题、实施改进、促进发展的基础和手段。为了达到更好的认同效果，新课程评价注重被评价者在评价中的作用，鼓励被评价者本人对评价的主动参与，强调被评价者与评价者之间建立良好关系的重要性，强调被评价者与评价者之间以及评价者之间的双向沟通与协商。

（五）在评价内容上，强调对评价对象的各方面情况进行全面综合考察

课程评价的内容，是与教育发展的功能与目标相一致的。与传统教育发展目标的狭隘性相对应，传统教育评价的范围是比较狭窄的，只注重对评价对象某一个或某几个方面发展情况的评价，以偏概全，结果往往对教育教学活动产生错误的导向作用。新课程的评价理念则与此不同，它强调评价内容的全面性和综合性，强调对评价对象各方面活动和发展情况的全面关注。例如，传统课程评价过于关注学生的知识与技能，而学习过程与方法、情感、态度、价值观等其他方面的发展却或多或少地被忽略。与此相对应，传统学生评价只着重评价学生的学业成绩，判断学生的学力水平所达到的程度，确认学生适合于哪个阶段的学习；而新课程改革对课程的功能和目标作出了重大调整，强调课程的功能要从单纯注重传授知识转变为引导学生学会学习，学会生存，学会做人。与这种调整相对应，在新课程的评价理念中，则强调从德智体美等各方面全面评价学生，注重学生综合素质的考察，不仅关注学生的学业成绩，而且关注学生创新能力和实践能力的发展，以及良好的心理素质、健康的体魄、浓厚的学习兴趣、积极的情感体验、较强的审美能力等方面的发展。从世界范围来看，评价内容

综合化已成为各国课程评价改革的共同方向。如在美国国家评价所组织的 21 个州参与的"评价发展"计划中，就要求对学生的评价不仅包含学科内知识，还要有跨学科以及学科外的知识；法国非常强调对学生学习态度的评价，把它放在第一位，而对学生学习成绩的评价则放到了第二位；日本对小学生的评价也包括了考试成绩、学习情况、品行与性格三个方面；英国在 1999 年新颁布的国家课程标准中强调四项发展目标和六项基本技能，而传统的学业成绩只是其中的一部分。

（六）在评价的方法上，强调评价方式多样化，尤其注重把质性评价与量化评价结合起来，以质性评价统整量化评价

发起于 20 世纪初的现代教育评价，是以整个世纪飞速发展的现代科技为背景的，因此，从其产生之日起，它就以科学崇尚的客观、量化为标志。因此，追求客观、量化一度成为各国教育评价的发展趋势，量化凡是下的标准化测验、常模测验一度成为世界范围内盛行的评价工具和手段。然而，对教育而言，量化的评价是把复杂的教育现象加以僵死化、简单化和表面化，或者只评价简单的教育现象，它不仅无法从本质上保证对客观性的承诺，而且往往丢失了教育中最有意义、最根本的内容。这样，学生生动活泼的个性被抽象成一组组僵硬的数字，学生在各个方面的发展和进步也被简化为可能的几个数量，教育的复杂性和学生状况的丰富性则泯灭于其中。20 世纪中期以后，受到哲学和社会学发展的影响，质性评价的方法逐渐发展起来。尤其是近 30 年来，质性评价的方法以其全面、深入、真实再现评价对象的特点的优点而受到普遍欢迎，成为世界各国课程改革所倡导的评价方法。如，在美国《国家科学教育标准》中提供的评价方法除了纸笔测试以外，还包括平时的课堂行为记录、项目调查、书面报告、作业等开放性的方法；美国各著名高校在录取学生时不仅要求学业成绩，通常还要求学生提交一份短文（选题通常极具开放性）、有关人士的推荐信，并要求面试；英国则强调在学校建立评语制度，以激励性的评语促进学生的发展，并在教师评价中强调面谈、行为观察和记录的重要性。在我国，近年来质性评价方法也逐步受到教育工作者的广泛重视和认可，并成为新课程改革大力倡导的评价方法。目前，学生成长记录袋评价、表现性评价、情景测验、行为观察等质性评价方法已在新课程改革实验区得到普遍推广和应用。

应该指出的是，质性评价的出现，并不是对量化评价的简单放弃。作为一种新的评价方式，质性评价是为了更逼真地反映教育对象，因此，它从本

质上并不排斥量化评价，而是把它统整于自身，在适当的评价内容或场景中依然需要使用量化的方式进行评价。实质上，每种评价方法都有自己的特点和优势，同时也存在不足，我们必须对此有清醒的认识。如对于基础性的知识点，利用量化的纸笔测试进行评价就是恰当的，能够很好地保证评价的覆盖面和深入程度，而用纸笔测试可能就难以评价学生的探究、实践和创新能力；相反，表现性评价在评价学生的创新精神和实践能力、合作精神、学习兴趣、学习习惯等方面具有明显的优势，但存在着费时费力、管理难度大、对教师要求高、评价结论的一致性相对较差等困难和不足，如果用它去评价学生的基本知识点的掌握情况，则不但费时费力，而且还不能保证覆盖面。

（七）在评价者与评价对象的关系上，强调平等、理解、互动，体现以人为本的主体性评价的价值取向

在传统教育评价中，由于评价者是高高在上的主宰者，被评价者是诚惶诚恐的服从者，所以两者之间的关系是死板的、机械的、冷冰冰的、敌对的、戒备的"检查与被检查"的关系。挑毛病成了评价者的主要任务，而掩饰问题、做表面文章甚至弄虚作假成了某些被评价者无奈的举措。这样的评价往往徒有虚名而没有实效。新课程的评价理念则强调以人为本，强调评价的实效，强调促进发展。在新课程的评价理念中，评价者与被评价者都是拥有主体性的人，两者之间是平等、互动的友好关系，两者之间需要沟通、理解和协作，这就要求评价者改变以前主要是评判和训斥被评价者的做法，更多地给予被评价者关注和关怀，关注被评价者个体的处境和需要，尊重和体现个体的差异，注意对个体发展独特性的认可和积极评价，以帮助每个个体认识自我，悦纳自己，拥有自信，挖掘潜能，发展特长，最大可能地实现其自身的价值。

四十五、为什么要突出评价的发展性功能？
（《建立促进学生、教师和学校发展的评价体系实施要点》）

中小学评价与考试改革的根本目的是为了更好地促进学生的发展，改变评价过分强调甄别与选拔功能，忽视改进与激励功能的状况，突出评价

的发展性功能是学生评价改革的核心。

对学生进行评价是教育过程的一个环节，所以评价的功能与教育目标是一致的。突出评价的发展性功能集中体现了"一切为了学生发展"的教育理念。学生处于不断发展变化的过程中，教育的意义在于引导和促进学生的发展和完善。学生的发展需要目标，需要导向，需要激励。发展性评价是实现这些功能的重要环节。它为学生确定个体化的发展性目标，不断收集学生发展过程中的信息，根据学生的具体情况，判断学生存在的优势与不足，在此基础上提出具体的、有针对性的改进建议。所以，发展性评价通过在各个环节具体关注学生的发展从而促进学生的发展，它考虑学生的过去，重视学生的现在，更着眼于学生的未来。发展性评价所追求的不是给学生下一个精确的结论，更不是给学生一个等级或分数并与他人比较，而要更多地体现对学生的关注和关怀，不但要通过评价促进学生在原有水平上的提高，达到基础教育培养目标的要求，还要发现学生的潜能，发挥学生的特长，了解学生发展中的需求，帮助学生认识自我，建立自信。

四十六、发展性评价的重要特征有哪些？

发展性评价具有以下一些重要特征：发展性评价基于一定的培养目标，这些目标是促进学生发展的方向和依据，主要来自于课程标准和学生的实际情况。有了评价目标，才能确定评价的内容和方法，才能不断地反思并改善教师的教和学生的学，从而发挥评价的发展性功能。

发展性评价的根本目的是促进学生达到目标而不是检查和评比。发展性评价将着眼点放在学生的未来，所以，发展性评价了解学生现在的状态不是为了给学生下一个结论或是给学生排队，而是用于分析学生存在的优势和不足，并在此基础上提出具体的改进建议，

发展性评价是注重过程的。学生的发展是一个过程，促进学生的发展同样要经历一个过程。发展性评价强调收集并保存表明学生发展状况的关键资料，对这些资料的呈现和分析能够形成对学生发展变化的认识，并在此基础上针对学生的优势和不足给予学生激励或具体的、有针对性的改进

建议。

发展性评价关注个体差异。每个学生都具有不同于他人的素质和生活环境，都有自己的爱好、长处和不足。学生的差异不仅指考试成绩的差异，还包括生理特点、心理特征、兴趣爱好等各个方面表现出来的不同特点。这使得每一个学生发展的速度和轨迹不同，发展的目标也具有一定的个体性。发展性评价要依据学生的不同背景和特点，正确地判断每个学生的不同特点及其发展潜力，为每一个学生提出适合其发展的具体的、有针对性的建议。

发展性评价注重学生本人在评价中的作用。发展性评价提倡发挥学生在评价中的主体作用，改变过去学生被动地接受评判的状况。学生更多地参与评价内容和评价标准的制定，在评价资料的收集中发挥更积极的作用，通过"协商"达成评价结论，使得评价的过程成为促进学生反思、加强评价与教学相结合的过程。

四十七、为什么要对学生进行多方面的评价？评价内容的各个方面是否有主次之分？

学生评价的内容是教育目标的具体体现，反映了具有时代特点的教育观、质量观和人才观。教育不仅要为社会培养合格的公民和人才，还要使每一个学生成为有能力追求幸福生活的个体。素质教育要使学生具有基本的思想政治素质；民主法制精神和社会责任感；初步的创新精神、实践能力、科学精神、人文素养、合作精神和环境意识；适应终身学习的基础知识、基本技能和科学方法；良好的身体和心理素质；高尚的审美情趣和积极健康的生活方式等，学会做人、学会做事、学会合作、学会学习已成为对一个公民的基本要求。因此，在新的课程标准中，每一门学科都强调了培养目标和评价内容的多元化，不仅包括基础知识和基本技能，还包括情感、态度与价值观，学习过程与学习方法。依据教育教学目标，对学生进行多方面的评价是促进学生全面发展的必然要求。

在当前的教育和实践中，仍然不同程度地存在着教育教学围着考试转的现象，反映在学生评价的内容上，出现了将评价内容进行主次分配，对考试涉及的内容优先考虑，重点保证；考试不涉及的内容较少关注。学生在学习活动和未来的生活与工作中，其知识技能、情感、态度、价值观与学习的过程和方法是紧密联系的整体，它们之间没有主次之分，对任何一个方面的忽视都可能造成学生发展的偏颇。

四十八、如何真正体现评价的过程性？

发展性评价的核心是关注学生的发展、促进学生的发展，实现评价发展性功能的一个重要举措就是突出评价的过程性，即通过对学生发展过程的关注和引导，在一定的目标指引下通过评价改进教学，不断促进学生发展。

评价的过程性应具体体现在收集学生学习状况的数据和资料，根据一定的标准对其发展状况进行描述和判断，在一定的目标指导下，根据学生的基础和实际情况，给予学生反馈并提出具体的改进建议，而不只是简单地给学生下一个结论，无论这个结论是五星、等级还是分数。例如，在一个单元的教学或完成某项作业后，根据课程标准和教育教学目标，对学生的学习态度、学习习惯、学习方法、知识和技能，探究与实践能力、合作、交流与分享等一个或几个方面进行描述，判断学生当前的学习状态，根据学生的基础，指出学生的发展变化及其优势和不足，在此基础上对教师的教学和学生的学习提出具体、合理的改进建议，就典型地体现了评价的过程性。

需要注意的是，在过程性评价中，要将定期的正规评价如小测验、表现性评价和即时的评价如学生作业和课堂表现评价有机地结合起来，这两方面的评价对下一阶段改进教学和学习是同样重要的。过程性评价一定不要拘泥于形式，如硬性规定日常评价的时间间隔、字数、内容、形式等，只要教师对学生的观察和积累达到一定程度，觉得"有感要发"，就可以对学生进行评价并记录下来。记录形式也是多种多样的，可以在学生的作业本上，也可以放在学生的成长记录中，还可以是学习报告单。要把对学生的日常评价和重要的资料系统地保存下来，这样才能体现学生发展变化的轨迹，使教师能够对学生某个阶段的学习状况有更清晰的把握，也有助于学生对自己的学习进行反思并改进自己的学习。

四十九、为什么要运用多种学生评价方法？
选择评价方法的依据是什么？

基础教育课程改革强调培养学生的探究、实践和创新能力，强调对基础知识与技能、情感、态度、价值观与过程和方法的关注与整合。强调评价的过程性并且关注个体差异。这就要求改变将纸笔测验作为惟一或主要的评价手段的现象，运用各种评价方法对学生进行评价，除了纸笔测验以外，还有访谈评价、问卷评价、运用核查表进行观察、小论文、成长记录袋评价和表现性评价等。例如，为了突出评价的过程性并关注个体差异，运用成长记录袋进行评价是必要的，它通过收集表现学生发展变化的资料能够反映学生成长的轨迹，学生本人对成长记录内容的收集有更大的主动权和决定权，能够充分体现个体差异。同样，表现性评价创设了真实的情境，通过学生活动或完成任务的过程不但能够评价学生知道了什么，还能够评价学生能够做什么，还可以在学生的实际活动中评价学生的创新精神和实践能力，与他人的合作、交流与分享，评价学生的学习兴趣和学习习惯等。

需要注意的是，提倡新的评价方法并不是否定已有的评价方法如纸笔测验的作用，各种评价方法都是为一定的评价目标和评价内容服务的，必须根据不同的评价目标和评价内容选择恰当的评价方法，应避免在评价方法改革中出现赶时髦和形式化的现象。例如，对于基础性的知识点，利用纸笔测验进行评价是恰当的，能够很好地保证评价的覆盖面和深入程度；而用纸笔测验可能就难以评价学生的探究、实践和创新能力。同样，用表现性评价评价学生的基本知识点不但费时费力，还不能保证覆盖面。每种评价方法都有自己的特点和优势，同时也存在不足，我们必须对此有清醒的认识，如成长记录和表现性评价存在着费时费力，管理难度大，对教师要求高，评价结论的一致性相对较差等困难和不足。因此，一方面要提高教师运用各种方法的能力，保证各种评价方法的科学性；另一方面，在具体的评价实践中要取长补短，根据不同的情境和要求运用不同的评价方法。

五十、怎样对学生的情感、态度、价值观和学习过程与方法进行评价？

各科课程标准都强调了培养目标的三大领域，即基础知识和基本技能，情感、态度、价值观和学习过程与方法，与基础知识和基本技能相比，后者的评价有着较大的难度，在评价时要注意以下几点。

（一）非学业评价的内容不能是笼统的甚至是不可捉摸的，如说一位学生"热爱祖国"，"热爱人民"就过于笼统、抽象。如果一个学生在热爱祖国方面被评为"中"或"差"，其具体含义是什么？如果一个学生得到"优"，其依据又是什么？如果一个学生上个月是"优"，这个月变为"良"，其评判的依据又是什么？

（二）非学业评价必须与学科教育目标和日常教学活动紧密结合，因为这些内容是培养目标的一部分，是必须关注的，同时它们也是学科教育教学活动的有机组成部分，如学生的学习兴趣和学习方法。要避免为了评价而评价的现象，人为"制造"某些情境，或采用标准化的量表对学生非学业内容进行评价是不值得提倡的。而日常教育教学活动则为非学业评价提供了平台和载体，如学生在小组合作学习时，教师就可以观察学生的学习兴趣，是否积极参加讨论，是否愿意帮助他人，认真倾听他人的发言，是否有合作精神等，这样才能将评价内容和评价标准落到实处。

（三）在非学业评价中，要处理好评价内容的模糊度和精确性之间的关系。如果经过一个阶段的摸索和实践，对于某一项评价内容有了深刻的理解，能够比较全面地概括出其中的关键与具体要素，就可以将该评价内容进行分解，提出评价的具体指标，以增强评价的可操作性、有效性和一致性。例如，对学习态度进行评价，可以分解为上课认真听讲，认真完成作业，及时纠正错误等，要注意关键指标的全面性和有效性。如果不能概括出评价内容的主要指标，宁可模糊一些，也不要将其固化，以免最终评价的片面性。

（四）在非学业评价的呈现形式上，一般要避免给学生的非学业评价一个等级甚至是分数。对情感、态度、价值观、学习过程与方法以及某些能力简单进行定量评价是困难的，也是不恰当的。如对学生合作精神和能力进行评价，简单用 68 分、75 分表示可能是不准确的，而且还无助于学生个体能力的培养或提出有针对性的改进措施。在非学业评价中应提倡质性描述，在给学生下结论的时候应该慎重，而且要有简洁的描述作为支持性的资料和证据。

五十一、保证评价资料准确性和有效性 对于发展性评价的意义是什么？

学生评价的资料是指学生的作业、小测验、问卷调查表、小论文、计划书、实验报告、活动过程记录等表明学生学习状况的原始资料，还包括对上述内容的评价，如分数、等级、评语及改进建议。

评价资料的有效性主要受到评价任务的制约，后者指的是与教学目标紧密联系的一种表现机会，如测验、探究活动、调查、课外实践、小论文、辩论等等。学生通过评价任务展示自己的知识、技能与能力，情感、态度、价值观和学习过程与方法。评价任务必须与评价目标高度一致，并且要对评价过程进行高质量的管理才能保证所获得的评价资料的有效性。例如，要求学生回答游泳要点的方法来评价学生的游泳技能就不是恰当的任务，所获得的评价资料（学生的回答）就失去了有效性；同样，如果没有对学生在完成表现性任务过程中的合作能力进行仔细观察和记录，而是将学生本人的汇报或调查表的内容作为评价资料，就有可能出现不准确的问题。

如前所述，有效的评价资料是保证达到恰当的评价结论的基础，对于形成对学生当前学习状况的正确认识有重要作用。同时，学生评价资料还表明了学生在某一方面发展变化的轨迹，对于教学和学习改进有重要的参考价值，例如，在所积累的 4 篇作文及其修改稿中，教师和学生本人可以从中看出学生在作文的各个方面的基础、所取得的进步，尚存在的优势和不足，进而，教师和学生可以提出改进的建议以完善教学。相比较而言，带有评语的原始资料比单纯的分数或等级更重要。后者更多用于学生的期末、年终或毕业等级评定，虽然也是必要的，但从发展性评价的角度来看，抽象的等级、标志或分数掩盖了学生学习过程中方方面面的发展变化，对于促进教学和学习的改进作用是有限的。

五十二、实行多主体评价的必要性及其操作要点是什么?

发展性评价提倡改变单独由教师评价学生的状态，鼓励学生本人、同学、家长等参与到评价中，将评价变为多主体共同参与的活动。多主体评价对于学生的发展是有利的。首先，鼓励学生进行自我评价能够提高学生的学习积极性和主动性，更重要的是自我评价能够促进学生对自己的学习进行反思，有助于培养学生的独立性、自主性和自我发展、自我成长的能力。其次，学生对他人评价的过程也是学习和交流的过程，能够更清楚地认识到自己的优势和不足。最后，多主体评价能够从不同的角度为学生提供有关自己学习、发展状况的信息，有助于学生更全面地认识自我。

在实行多主体评价时，要注意以下几点:

（一）要注意多主体评价的实效性。并不是所有的内容都要进行多主体评价，这样会造成费时费力而且有可能出现形式主义。一般说来，多主体评价的目的是能够获得更多的信息，或者使评价的多个主体都能从评价中受益。如学生间相互评价促进学习和交流，家长评价学生使得家长对学生的学习有更多的了解，教师也能从家长那里得到更多有关学生学习的信息。

（二）多主体评价必须有明确的评价内容和评价标准。而且对不同的评价主体来说，其评价内容和评价标准往往是不同的。例如，家长对学生进行评价，可能主要是在家中的学习态度、学习方法，如果让家长对学生具体的学科学习进行评价，家长可能感到无从下手，这样做还会造成家长感觉教师推卸责任，而教师感觉家长不负责任的现象。同样，学生之间互评也要有明确的评价内容和评价标准，引导学生关注他人的长处和优点，进而改进自己的学习。

（三）在多主体评价时，特别是学生互评中要淡化等级和分数，淡化学生之间的相互比较，强调对"作品"的描述和体察，强调关注同学的优点和长处，强调自我的反思。不要让学生的注意力集中在给对方打分数或划分等级上，这样不但无助于学生向他人学习，还往往会造成同学之间互不服气，只关注对方的缺点和不足，评价变成互相"挑错"和"指责"。

五十三、怎样通过评价反馈发挥评价的激励功能和促进作用？

评价中的反馈环节对于发挥评价的激励和促进功能有着重要作用。通过评价反馈，学生能够了解自己目前的学习状态，看到自己的成长和进步以及存在的不足，还有可能得到教师、同学和家长对改进自己的学习所提出的建议，这些都有助于促进学生的发展。

发挥评价的激励功能要建立在对学生学习的过程及其发展变化有深刻认识的基础上。无论是采用激励性的语言、荣誉卡或是大红花，如果没有明确的评价目标、准确的观察和资料收集、恰当的评价结论，则片面、随意的激励无法起到对学生的促进作用，还有可能对学生产生消极影响，造成很多学生只能听表扬，不能听批评，认识不到自己的缺点和不足，盲目乐观、自高自大。此外，随着学生认识自我的能力和愿望的提高，他们会对表面化、形式化的激励感到空洞和乏味。

激励不在于对学生一味表扬或"藏拙"，只要教师与学生形成坦诚、关怀和相互尊重的关系，并用发展的和全面的眼光看待学生，逐步培养学生对自己形成客观的认识，提高他们的自我反省能力，不. 因为自身存在的某些不足而对自我价值产生怀疑，这样即使教师指出学生的不足甚至是批评，学生所感受到的仍是教师对自己的关注和期望，并由此产生进步的动力。

对于低年级的学生，在评价反馈时要注意考虑采取学生喜闻乐见并符合学生年龄特点的形式，但仍不能忽视学生发展的目标，盲目追求形式化的激励，认为只要学生"快乐"就行了。对于低年级的学生来说，培养学习兴趣和良好的学习习惯，掌握正确的学习方法，学好基础知识和基本技能是非常重要的，可能影响一个人的一生。此外，在低年级学生的学习和生活中，同样应包含探究、实践和创新等基本要素，只不过其表现形式与高年级的学生和成人不同。这些都需要在一定的学科教育教学目标指引下，通过评价反馈不断促进学生的发展。

五十四、听课与评课的主要作用是什么？

（一）课堂教学管理作用

学校工作是以教学为中心的，而课堂教学是教学工作的主体工程。课堂教学管理的任务很多，但从大的方面看，主要有以下几项：

1. 规范课堂教学常规

所谓课堂教学常规，是将课堂教学中最基本、最需要做到的要求、做法、环节、阶段等用规章制度的形式明确化、具体化、操作化，并贯彻落实到课堂教学之中。

课堂教学常规主要包括三方面内容：①对教师教学行为的基本要求；②对课堂教学过程和结构的基本要求；③课堂教学中其他的基本要求。课堂教学常规是实施教学管理的基础，其主要目的和任务是克服教学中存在的随意性和盲目性。通过强制性的限制和约束，使教师行为、教学过程纳入统一的、规范的、科学的轨道，为每一位教师提供明确的基本的行为准则。

2. 创设民主、和谐、宽松的教学氛围，建立一种鼓励创新的教学机制，加强教师队伍建设

要培养学生的创新精神，教师首先要有创新精神，教师不仅是"传道、授业、解惑"的教学人员，还应该是"求实、求真、求新"的教学研究人员。学校应该建立鼓励教师教有创新、学生学有创见的教学管理制度，创造出充满创新精神的教学氛围。鼓励教师发挥自身优势，追求教学艺术的个性化，创造出不同的教学风格。

在日常教学中我们看到，有的教师的教学风格是精雕细刻，把课上得天衣无缝；有的是大刀阔斧，紧紧抓住教学的重难点，使疑难问题迎刃而解；有的是善于归纳推理，以逻辑思维本身的魅力吸引学生；有的是运用直观形象的优势，使学生在课堂上感到轻松愉快，充满学习的乐趣。这就要求我们管理者在经常性的听课中去发现这些具有创新意识的教师，在评价中鼓励他们根据自身的情况，求实创新，博采众长，以形成自己特有的教学方法和风格。教师有特点，学生有特长，管理才有特色。

3. 提高教学质量和效益

教学质量是指在教学过程中，通过教师的教和学生的学而体现出来的学生的进步与发展。教学效益是指在教学过程中，师生投入的时间、精力与所产生的效果的比例。

提高教学质量和效益是教学管理的出发点和归宿，其方法和手段也很多，但归根到底都要落实在教师的课堂教学上，因此，领导经常深入课堂听课评课，是抓教学质量和效益众多手段里最得力的手段之一。

（二）教研与科研功能

1. 通过听课与评课，可以帮助教师认识教学规律，掌握先进的教学经验和方法。

普普通通的课堂教学活动，包含着许许多多规律：教与学之间、讲与练之间、教师的主导与学生的主体之间、知识与能力之间、知识与品德之间等等，都是在课堂教学中引出、运行和展开的。对他们之间的不同侧重点、不同的优化组合都可以带来不同的教学效果。如何帮助教师认识和掌握这些规律呢？经常性的听课与评课是很关键的一环。

2. 通过听课与评课既可以检验教学理论的优劣，指导实践的利弊，又可以把实践中获得的经验形成新的理论。

（三）诊断、反馈、激励功能

1. 诊断功能：听课与评课，一是利用一切可行的手段获取相关的课堂教学信息，二是对这些信息进行全面的统计、分析、处理，并对得出的结论给予科学的解释和说明，这就是"诊断"作用。

听课方面一是可以诊断教师的教学态度是否主动，教学目标及教学任务是否落实，教学内容及知识结构是否准确，教学方法及手段是否科学合理，教学效果是否明显等。从而帮助教师明确改进教学工作的方向，及时采取相应的措施，提高教学质量。二是可以诊断学生学习的实际情况，了解学生的个性差异，发现学习困难的原因，以此作为科学、合理指导学生的依据。

2. 反馈功能：从系统论的观点看，课堂教学是学校教育这个大系统下的一个子系统。要使这个系统正常运行，就要建立良好的反馈回路。听课与评课就是这个反馈回路的连接点，它可以将课堂教学的各方面信息及时反馈给教学活动的主要参加者及有关人员，使他们能够及时总结经验，调整方向，改善教学。

　　具体说：①为教师提供反馈信息。教师是课堂教学的组织者、指导者和促进者，他需要对教学活动的效果有一个较清楚的了解（各项任务是否落实，学生的知识、智力、人格、品德是否达到预期的要求），听课与评课恰恰可以把这些信息传递给教师，以便教师及时调整教学方式方法，从而提高教学水平。②为学生提供反馈信息。学生是教学过程的参与者和承受者，学生对教学过程中各项指标的发展水平、进展程度都有切身感受，学生的水平是教学效果的直接反映。听课与评课为教师提供反馈的同时，也为学生提供反馈信息，学生可以从中看到自己在学习中所处的位置，发现各项指标达到的程度，从而调整自己的学习方式。③为学校管理者提供可靠的反馈信息。教学管理人员通过听课与评课获取教学任务的完成情况，课堂教学的整体质量水平，课程设置安排是否合理等信息，以便有针对性地采取相应措施，提高质量。

　　3. 激励功能：是指激发人的动机、内趋力，使之产生某种需要，并向期望的目标前进。就听课与评课而言，也是在激发教师的一种认同需要、实现价值的需要。

　　教师的教学需要被肯定，需要获得赞赏，需要获得认同。往往有的时候，肯定、赞赏、认同教师的教学，比批评教育更能激起教师课堂教学的积极性和主动性。

　　（四）沟通协调功能

　　现代社会是一个开放的社会，学会沟通和交往是现代人必须具备的素质。沟通和交往也是一个人学习、工作、事业成功的重要因素之一。听课与评课也是学校范围内人际交往的形式，也是人际间的活动，它也具有协调角色、沟通意见、融洽感情的作用。对教师来说，可以学到他人的长处，看到自己的不足，有利于取长补短。对领导来说，经常听课与评课，能进一步拉近与教师之间的距离，融洽与教师的感情，协调与教师间的关系。

　　（五）考核评估功能

　　无论是评估一所学校的教学水平，还是评价教师的教学能力，都离不开听课与评课。教师个体的课堂教学反映其本人的教学水平和能力的高低，学校教师群体的课堂教学则反映该学校整体教学水平的状况。听课与评课带有重要的考核评估功能是不容置疑的。

五十五、听课的基本要领是什么？

一节课成功与否，不在于教师讲了多少，而在于学生学的怎样。所以，听课应从单纯听教师的讲，变为同时看学生的学，有人把听课说成是看课是很有道理的。另外，还要对课堂上的诸多情况和因素作出判断分析，必要的过程、特点、结构等还要记录在案。这就是听课的四项基本要求：听、看、想、记四结合。

（一）听

①听教师是怎么讲的？是否讲到点子上，重点是否突出，讲的是否清楚明白，学生是否听得懂。

②听学生在读书、讨论和回答问题中暴露出的问题和在提出问题时显露出的才华和智能。

（二）看

即观察，包括观察学生的状态和教师的课堂教学行为。

（三）想

就是要对课堂教学的分析不能停留在表面现象的观察上，要作出正确的判断，有时要透过现象去分析本质。上得好的课，应该能看出学生是怎样从不懂到懂、从不会到会、从不熟练到熟练的过程。课堂上学生答错了是正常的，关键看教师怎样引导、启发。听课要注意实际效果，只有多方面的想，才能作出正确的评价。

（四）记

听课记录，包括记录和点评两方面。记录有简录、详录和记实三种情况，到底记到什么程度，要根据听课目的来定。点评有即时点评和综合点评两种。

五十六、听课应从哪些方面观察学生的活动？

（一）参与状态

一是观察学生是否全员参与学，二是看有的学生是否参与教，把教与学的角色集于一身。没有学生参与的课堂教学，无论如何也是不成功的。

（二）交往状态

一看课堂上是否有多边、丰富、多样的信息联系与信息反馈；二看课堂上的人际交往是否有良好的合作氛围。在人为不适当地强化学业竞争的学校班级里，会滋生自私、冷漠与厌学，把学生变得不想合作也不愿合作，而学生无助感的加深又使学业的失败现象雪上加霜。

（三）思维状态

一看学生是否敢于提出问题、发表见解；二看问题与见解是否有挑战性与独创性。学生的主动创造是课堂教学中最令人激动的一道风景，而创造这样的景观绝非教师一日之功。

（四）情绪状态

一看学生是否有适度的紧张感和愉悦感；二看学生能否自我控制与调节学习情绪。有时课堂会突然爆出笑声又戛然而止，会从激烈的争论转入专注地聆听，就是一种自发并能自控的良好情绪状态。

（五）生成状态

一看学生是否都各尽所能，感到踏实和满足；二看学生是否对后继的学习更有信心，感到轻松。经过多年的观察与实践证明，学生在课堂上有好的学习状态就会有好的发展，并会通过成绩等各方面表现出来。如果学生的课堂状态不理想，那就要从教师的教学行为上查找原因。

五十七、听课应从哪些方面观察教师的课堂教学行为？

（一）组织能力

它包括教材的组织、语言的组织、教学活动的组织能力，核心是教学活动的组织能力。

（二）注意中心

教师在课堂上的注意中心应从自己的思想或教案转移到全班学生的思维和行为上来。除了观察教师在自己讲授时是否把自己的注意中心放在学生身上，还要观察当学生自主活动时，教师的注意中心是否在于学生活动的反馈与调节。

（三）教学机智

开放的课堂更需要教师机智的品质。必须观察教师敏捷快速的捕捉教学过程中各种信息的能力，而且还要观察他是否灵活果断地采取恰当有效的策略与措施，推进教学发展的进程。

（四）教学态度

心理学研究发现，虽然有的教师很有经验，对学生很负责任，但学生的发展并不理想。心理学把教学态度分成两类：一类为非交往性态度，另一类为交往性态度。非交往性态度与教学效果的相关系数极低，交往性态度才会对教学效果产生积极影响。我们强调对学生的交往，一是对学生的尊重和信任，对每一个学生的发展负责；二是呼唤课堂上教师的热情与宽容，鼓励学生的好奇心、坦率与自发性。

（五）教学境界

教学水平有三个相互贯通的层面：传授知识、启迪智慧、人格生成。一要观察教师对这三者整体发展的关注与自觉性，鼓励教师向更高的教学水平努力进取。二要看教师是否把主动减轻学生的课业负担，给学生充分的自由支配的时间，作为一种教学境界去追求。

五十八、评课的原则是什么？

（一）方向性原则

就是指评课要对课堂教学的发展方向起监督和保证作用。

遵循方向性原则，首先要认清评课的目的是改进课堂教学，检测课堂教学是否达到素质教育的各项目标要求。其次评课的方向应该对课堂教学改革具有直接导向作用。

（二）客观性原则（实事求是原则）

就是要求评价尊重客观现实，从课堂教学的具体事实出发作出科学的价值判断。

遵循客观性原则，首先要注意收集全面、系统、准确、真实的综合信息资料，并作出科学的分析和鉴别。其次要克服主观随意性，不带任何偏见，恰如其分地评价。一般地说，多数教师都希望别人对自己的课作出评价，提出指导性意见。所以，评课人在与教师交换意见时，对课的长处一定要充分肯定，看准了的问题一定要提出来，不能含含糊糊，无根据地唱颂歌。

（三）全面性原则（兼顾整体）

就是要求评课人在处理问题时，要从全局的观点出发去了解事物的全貌，把握事物的整体及发展的全过程进行全面的分析评价。

遵循全面性原则，首先注意评价过程信息收集得全面性。评价一位教师课堂教学的优劣或教学能力如何，既要看当前所听的课，又要看平时的课；既要看上课的效果，还要了解平时教学的成效。避免看一两节课就对教师的教学能力和水平妄下结论。其次，评价过程应把点和面、局部和整体有机结合起来，不能抛开整体抓住枝节问题不放，更不能撇开具体评价内容笼统地认为课的好坏。

（四）激励性原则

就是评价者利用某种因素激发评价对象内心产生某种需要，有利于调动评价对象的积极性。

遵循激励性原则，首先应注意到评价者科学的艺术的评价能激发评价对象的积极性。尤其是对于一些青年教师，如果有几次成功的课能得到领导恰当的评价和鼓励，可能是他今后在教学上成功的直接动力因素。其次，应注意评价标准要有一定的弹性，即使比较成功的课，也应使被评价人认识到自己的教学水平及教学中仍然存在着不足，增强进取意识。再次，注意运用激励的导向，发挥评价的横向比较作用，达到评一节课促多节课，评一个人激励一批人的作用。最后，注意灵活运用多种激励方法，如目标激励、榜样激励、信息激励等。

（五）差异性原则

就是评课者在评价过程中，对不同的教师、不同的课型，评价时的侧重点各不相同。

遵循差异性原则，首先，对不同层次的教师评价应有所侧重：

1. 对已初步形成自己教学特点的骨干教师，要求应高一些，不只是把课讲明白，还应对他们教学中的擅长之处、独到见解作一些比较突出的分析和概括，并加以提炼和升华，鼓励他们进一步发挥特长，形成自己的风格和特色。

2. 对一些胜任教师应侧重在课堂教学结构、教学方法上多作评议，指导他们如何根据教材内容设计教法、指导学法；如何运用各种教学媒体、手段揭示规律性的东西，鼓励他们在课堂教学结构和方法上进行教改尝试。

3. 对一般教师，根据教学常规和教学基本功的要求全面评议，力求让他们逐步达到这些要求，并针对某些薄弱之处，有侧重地加以点拨和指导。

4. 对胜任有困难的教师，评课时侧重点放在教学目标是否明确集中、教学重难点把握、讲解是否清楚明白、有条理等一些主要方面。

5. 对新教师侧重指导他们在课堂教学中逐步达到上课的基本要求。评课时抓住三条：一是目标要明确，不能含糊笼统；二是讲课清楚有重点，不讲偏讲错；三是讲练结合，注意调动学生的积极性。其次，对不同类型的课，评价也各有侧重。

1. 教改实验课，突出研究特征。评价时围绕教改主题进行。

2. 评优课，应同一标准，从严要求，在分析对比中进行。把评优与总结推广先进经验结合起来。

3. 检查课型，突出一个实字，即实事求是。把看到的、听到的说明白、说透彻。当然，考虑到教师的心理承受力，评价时应讲究方法。

（六）讲究方法原则

遵循人的认识规律，符合人的心理过程。

首先，要充分尊重教师的劳动。一般说来，不论是成功的课，还是失败的课，教师都在不同程度上花费了心血。因此，评价时通过对问题的分析，充分肯定这一点。其次，要褒贬得当。评课时的褒与贬应有个度。褒不是越多越好，贬也不是越少越好。过多而不切实际的肯定，给人以虚假逢迎之感。谈到缺点时，要讲究分寸，应以商量和提建议的口吻与教师交换意见。再次，要主次分明。评课时在关键问题上要多作分析，道理说透；在一般问题上，则可点到为止，留给教师自己去回味。有些问题可提供思考线索，有待教师自己去琢磨。最后，要注意场合。要慎重考虑评课场合对教师心理压力和对日后工作的影响。特别是对那些不大成功的课，说话要留有余地，不要在大庭广众之下使教师难堪。对有的不宜在公开场合提出的意见，最好是与教师个别交换。对老教师、心理承受能力差的教师说的要委婉一些。把评课与评教师分开。

五十九、评课的基本内容有哪些？

（一）评教学思想

课堂教学是教师教学思想、教学态度、教学能力和教学艺术的综合体现。而教学思想是否正确是最为关键的。因为教师的教学思想指导着教师的教学行为，教学方案的制订、教学内容的确定、教学方法的选择、教学手段的运用、教学过程的实施，都是由教学思想决定的。由此可见，教师的教学思想是否正确，将直接影响课堂教学效率的高低。因此，评价一节课，首先就是要看教师的教学思想是否正确，是否符合素质教育的要求。

传统的教学思想主要表现为"四个偏重，四个忽视"：偏重少数尖子生，忽视大多数学生；偏重知识传授，忽视学生全面发展；偏重考试分数，忽视学生能力培养与特长发挥；偏重教师主导，忽视学生主体地位。

正确的教育思想就是要根据素质教育的要求，树立起面向全体学生，对每一个学生负责的思想，使学生德智体美诸方面积极、主动、和谐、全面的发展。概括起来就是"三性"、"四转变"。

全体性：相信每一名学生都有成功的愿望和实现成功的潜能。素质教育是人人都能成功的教育，是不相信有差生的教育。

全面性：素质教育的根本目的就是要全面提高和发展所有学生的各种素质，不求人人升学，但求个个成才是素质教育追求的最高境界。人的素质甚至人的智能不是一元的，而是多元的。最近，随着我国基础教育课程改革的深入，有关多元智能的理论和教学策略越来越被我国的专家学者和广大教育工作者所接受。

主动性：在教学过程中，教师应努力做到：唤醒学生的主体意识，破除依赖老师的思想；发展学生的主体能力，会学习，会思考，敢于和善于提出问题，分析和解决问题；塑造学生的主体人格，相信学生，尊重学生，鼓励学生敢于质疑，发表不同的意见。

教学策略上的四个转变：由重知识传授向重学生发展转变，由重教师教向重学生学转变，由重结果向重过程转变，由统一规格教育向差别型教育转变。

（二）评教学内容

教学内容集中体现在教师对教材的处理上。教材是依据教学大纲、课程标准及学生的年龄特点和知识水平而编写的教学用书，它不仅是学生学习的重要材料，也是教师从事教学工作的重要工具。教师要上好课就必须认真钻研教材，真正吃透教材，精心组织教材，科学处理教材。一般地说，教师是不应该把教材原封不动的搬到课堂上，而必须根据教学内容、教学目标、学生的基础知识、认知规律和心理特点，对教材进行合理的调整、充实与处理，重新组织、科学安排教学程序，选择合理的教学方法，使教材系统变为教学系统。评价一节课在教材处理上是否科学合理，一般从以下几方面考虑：教学目标的确立、教学重难点的把握、教学过程的安排等。

（三）评教法选择

教学方法是为实现教学目标服务的。评价教学方法主要看：①是否量体裁衣，优选活用。教学是一个复杂的系统工程，不可能有一种固定不变的万能的方法。一种好的方法总是相对而言的，它总是因课程、学生、教师的特点而相对变化。不管任何方法的选择，只要有利于完成教学任务，有利于学生的发展，就是好的方法。②教学方法的多样化。教学方法最忌单调死板，再好的方法天天照搬也会令人生厌。教学活动的复杂性决定了教学方法的多样性。所以评课时，既要看教师是否面向实际恰当地选择教法，又要看能否在教法的多样性上下一番工夫，使课堂教学超凡脱俗，常教常新，富有艺术性。③学法指导的目的要求是否明确，是否付诸实践。④学生接受知识的方式如何。

（四）评师生关系

努力建立民主、平等、和谐、合作的师生关系和生生关系，是现代课堂教学人际关系的本质要求。课堂教学是师生之间及学生之间多形式、多维度的相互作用、相互影响的互动过程。课堂教学活动的设计和实施，关键是把教与学两类活动真正组成共时、多向、相互作用的有机整体。合作教学，小组学习，讨论式、活动式的教学方法都是可供选取、借鉴的基本工具。

传统的课堂教学过分强调教师的权威，教师主宰一切、包办一切，把学生当成被动吸收、储存知识的容器，导致学生依赖教师的思想严重，学生的主体地位得不到确立。现代课堂教学强调的是：知识经验的获得、智力能力的发展、情感意志的培养、思想品德的形成都必须通过学生的积极思考和实践来实现，教师是无法代替的。

新的课程理念强调：教师是学生学习的合作者、引导者和参与者，教学过程是师生交往共同发展的互动过程。交往意味着人人参与，意味着人人平等对话。教师将由居高临下的权威转向平等中的首席。传统意义上的教师教和学生学将不断让位于师生互教互学，彼此真正成为一个学习的共同体。

据专家分析，在未来的课堂上，知识将由三方面组成：教科书及教学参考书提供的知识、教师个人的知识、师生互动产生的新知识。新课程将改变教科书一统课堂的局面，教师不再只是传授知识，教师个人的知识也将被激活，师生互动产生的新知识的比重将大大增加。这种学习方式的改变，必然导致师生关系的改变，使教师长期以来高高在上，"传道、授业、解惑"的地位发生变化，教师从知识的权威到平等参与学生的研究，从知识的传递者到学生学习的促进者、组织者和指导者。我们知道，教师作为知识传授者的角色是不能被淘汰的，但与以前不同的是，它不再是教师惟一的角色。

评师生关系，首先要确立学生在课堂教学活动中的主体地位。要让学生积极主动地参与教学过程，凡是学生能看懂的就让学生自己去看，凡是学生自己能讲出来的就让学生自己去讲，凡是学生自己能做出来的就让学生自己去做，教师绝不包办代替。也不要对学生限制太多。其次，要努力创设宽松、民主、和谐的课堂教学氛围。要热爱学生、相信学生，尊重每一名学生的人格和个性，尊重学生的思维和创新精神。

六十、新课程给课堂教学评价带来了哪些变化？

评价一直是教师评价中的重要组成部分。一直以来，课堂教学评价的关注点都是以"教师"为主，如教师的语言表达是否流畅、教师的板书设计是否合理、教师的情感投入是否具有感染力、教师的教学思路是否清晰，以及教师的教学设计是否结构合理、详略得当等等，主要关注教师的课堂表现，关注教师是怎么讲的。即使关注到学生的行为表现，也基本上被看做是教师"教"的回应，或者成为教师"教"的点缀。总的来说，以往的课堂教学评价表现出"以教为主，学为教服务"的倾向。

本次基础教育课程改革，再一次重申：教育的根本目的是为了每一名学生的发展，课堂教学也不例外。因此，新课程提出，关注学生在课堂教学中的表现应成为课堂教学评价的主要内容，包括学生在课堂师生互动、自主学习、同伴合作中的行为表现、参与热情、情感体验和探究、思考的过程等等，即关注学生是怎么学的。通过了解学生在课堂上如何讨论、如何交流、如何合作、如何思考、如何获得结论及其过程等等学生的行为表现，评价课堂教学的成败。即使关注教师的行为，也是关注教师如何促进学生的学习，如教师如何组织并促进学生的讨论、教师如何评价和激励学生的学习、教师如何激发学生学习的热情和探究的兴趣等，来评价教师课堂行为表现对学生的"学"的价值。因此，新课程提出建立"以学论教、教为了促进学"的响亮口号。

课堂教学评价具有促进学生发展和教师专业成长的双重功能。从关注教师的"教"到关注学生的"学"，这一视角的转变对我国现行的课堂教学、教师教学行为及其相关的教学管理等都带来了巨大的冲击和全新的启示。

首先，改变了教师教学的方式和学生学习的方式。以往的课堂教学中，教师大多是按照事先设计好的教学过程，带着学生一步不差地进行，学生则基本处于被动的地位，即使有一些自主的活动，也是在教师事先设计或限定的范围内，为某个教学环节服务。但如果关注学生的"学"，教师的这种教学方式就会受到挑战，而学生的学习方式也将发生根本性的变革，学生学习的自主性就将被空前地重视起来。因此，新课程倡导新的学习方式，以自主、合作和探究为主；而教师也更多地成为学习情境的创设者、组织者和学生学习活动的参与者、促进者。教师因遵循学生发展的需要和状况来设计课堂教学，而不是请学生按照事先设计好的教学过程参加学习，教师的"教"是为了更好地促进学生的"学"。这将同时带来一个更为民主、平等的师生关系。

其次，改变了教师课前准备的关注点和备课的方式。"以学论教"使教师更多地关注学生在课堂上的可能反映，并思考相应的对策。于是，促进教师从以往"只见教材不见学生"的备课方式中转变出来，注重花时间去琢磨学生，注重提高自己的教学能力，而不是在课堂上简单地再现教材。因此，写教案这种传统的备课方式已不能满足"以学论教"评价模式对课堂教学的要求。除了写教案，教师可能更需要走进学生中间，了解他们对即将讲解内容的兴趣、知识储备和他们所关心的话题。也只有了解学生的需要，才能真正上好"以学论教"的每一堂课。而教案的使用和设计也需要随着新要求的变化而有所改进，以增强其适应性。例如，教案并行设计"教师教学行为"和"学生学习行为"两大部分，将有助于教师同时并重教与学；设计"学情分析"或"开天窗"、"课后追记"等内容，便于教师在课前分析、思考，课后总结、补充，在这个意义上，教案并不是写得越干净就说明教师备课越认真。

再次，改变了教师对教学能力的认识。从关注"教"到关注"学"课堂教学评价重心的转移，将促进教师重新反思一堂好课要求教师具备的教学能力是什么。也许一个板书并不漂亮、口语表达并不利索的教师也能上出一堂好课来。因为"以学论教"课堂教学评价模式更为关注学生在课堂上做了些什么、说了些什么、想了些什么、学会了些什么和感受到了什么等等，教师的板书和口语表达能力已不再是一堂好课的必要条件了。只要教师给予学生充分自主学习、探究的机会，学生在课堂上获得了充分的发展，板书也许是学生来写，总结也许是学生来说，但这依然是一堂好课，一堂学生学得好的课。可见，教师需要对"教学能力"进行新的思考和认识，对教材把握能力依然是必要的，但似乎已经不够了，自主实践将会引发学生形形色色的问题，这就需要教师储备相关学科领域的知识，此外，更具挑战的是教师要学会"用教材"而不是"教教材"；课堂管理能力是必要的，但似乎又有些不同了，安静无法满足学生的自主学习和参与，热闹又是课堂纪律的大敌，如何能让学习在"热闹"中有序地进行是教师课堂管理的新课题；课堂环节的设计能力依然是必要的，但似乎又不同，不能完全按事先设计的环节进行，要富有弹性，以便随学生的表现来灵活调整，更关注教师的随堂机智。

总之，以往对教师教学能力的要求，其内涵正在一点点发生着"重心的转移"和变化。这些改变从另一个侧面再次体现了本次课程改革中课程功能的变化，也是新课程课堂教学评价改革的方向，相信对于真正提高教师的教学水平和学校的办学质量有着根本性的促进作用。

六十一、评课的方式有哪几种?

评课方式：是指听课人听完课后与上课教师交流意见看法、相互沟通信息的具体形式。一般有以下几种：

（一）个别交谈

单独听课或觉得某些问题不便在公开场合交谈。这种形式气氛宽松和谐，可开诚布公地交换意见，探讨问题，及时反馈。比较受教师欢迎，也是经常用的一种形式。

（二）集中讨论

公开课、实验课、观摩课或诊断课，由于听课人较多，大家围绕主题各自发表自己的见解，领导或专家综合各方面的意见对课作出基本评价。

（三）书面评价

每个听课人写出一份书面评析材料。好处是对课的见解往往经过深思熟虑，有一定的理性思考。另外，不必拘于情面，该说的都可以写出来，一般有一定的深度。

（四）答辩式

授课教师通过说课的方式先谈自己的设计想法、对教材的理解，听课人以提问方式就本课的有关内容提出问题，授课教师给予解答。

六十二、常见的评课方法有哪些?

评课方法：是指从何入手来评价一节课。一般做法有：

（一）综合评析法

就是对一节课从整体上作出全面、系统、综合的评价。通常是先逐项分析（教学目标、教学程序、教学方法、教学手段、教学基本功、教学效果、教学思想等），再综合评价。有利于授课教师全面总结教学经验，掌握和了解课堂教学的全貌。

（二）片段评析法

就是对一堂课的某个片段从某个方面进行有针对性的评析。这种方法是评课人从自己的观察中，在体会最深、感触最大、认识最明显的地方选择一个角度由侧面来进行评价（教材处理、教学思路、教学方法、教学手段、师生关系等）。片段评析虽然只是对教学过程的某个部分的看法，但窥其一点，可见一斑。突出对某个片段的深入评析也可反映整节课的基本情况。

（三）特点评析法

就是对一节课的某些与众不同、新颖独特的做法进行评价。有利于鼓励教师走教学创新之路，有利于发现新经验、新方法、新模式，形成教师或学校特有的教学风格和特点。

（四）表格量化法

将课堂教学评价标准的各项指标量化，并赋予相应的权重系数制成评价表，课后对照量表逐项评分，最后以综合分数确认一节课的优劣。

六十三、什么是说课？

说课是任课教师在备课的基础上，根据教学大纲（课程标准）的要求，依据学科相应的教学规程，针对所讲的课题，采用讲述的方式，向教学同仁系统地阐述个人对教学大纲（课程标准）的把握、对教材和学情的分析、对教学方法和学习方法的指导和构想、对教学程序的总体设计等的一种创造性的劳动。

作为整个教学过程中的一个重要环节，说课的目的在于指导讲课，使讲课按照事先设计的蓝图循序有效地实施。说课不同于讲课，它是教师向同行讲述某一具体课题的教学准备。教师要使用简洁准确的语言叙述备课中的思维过程，时间一般不超过15分钟。说课最大的特点在于说理。相对于课堂讲授而言，说课不是"纸上谈兵"，而是"按图索骥"。成功的说课应能准确地回答教学过程中的"是什么"、"为什么"、"做什么"、"怎么做"和"为什么要这样做"等问题。对教学全程运作而言，说课是"讲课指南"，具有较强的指导性、实践性和可操作性。

六十四、说课的基本内容有哪些?

说课的基本内容一般包括以下几个方面:

（一）说教学大纲（课程标准）

准确精要的阐述大纲（课程标准）对所说课题的内容、教学原则、教学方法和学生能力培养等教学环节的具体要求，即讲清本课的内容源于大纲（课程标准）所规定的哪部分要求，所规定本课教学中应遵循的教学原则和方法，学生"双基"训练应达到哪些标准。

（二）说教材

包括 A 课题；B 课型；C 教材定位（所讲教材在大纲或课标、课本、单元章节中所处的位置及其与前后教材的衔接关系——这是确定本课讲授的缘起、中期和现实目标的基点）；D 知识与技能、过程与方法、情感态度与价值观的目标在教材中的体现；E 教学重点、难点的确立及其依据。

说课教师在说教材时，必须正确处理两种关系：一是大纲或课程标准与教材、教参的关系。大纲与教材是"纲"与"目"的关系，教材与教参是"主"与"从"的关系。教材实现大纲所规定的教学目标的载体和教学要求的具体化，教参是教学内容的剖析与补充，深入而非肤浅的分析教材、领悟教材，科学而非僵死的运用教参，有助于全面贯彻大纲或课程标准，稳步提高教学效益。二是重点与难点的关系。"重点"反映的是教材的本质内容及其内在联系，"难点"是根据教学大纲（课程标准）的要求所规定的教学目标，结合学生实际所确定的取得预期教学效果的教学切入点、突破口。必须在明确二者的区别和联系的基础上选准抓好，以便在说课中予以突破。

（三）说学情

分析学生学习能力、学习目的、学习态度和学习方法，是确定教学重点、难点和设计教学方法的重要依据。说课时应能说明学生目前已有的基础知识和基本技能及其掌握情况，学生的心理状态等，以便为新课的实施设计必要的铺垫。

（四）说教学程序

在这一环节中，说课教师须说明讲课中拟采用的教学方法、导学方法、如何分配课时、课堂提问的预设、习题安排和板书设计等内容，并说明此构想的依据。

确定教学方法必须以教学大纲或课程标准、教材和学情为依据，跳出程式化的窠臼，注重灵活性，追求高效益。

学法指导是指说课教师说明自己将在讲课中采用什么方法指导学生解决学习中的什么难题，培养学生什么能力，对学生进行哪些学习行为习惯的训练及怎样进行训练等。

课堂教学中的时段分割，直接关系到预期教学目标的实现。具体分割中，必须特别"关照"教材的重点和难点，以利于提高讲课效益。

此外，说课教师还必须充分注意提问预设的启迪性及其对串讲的引导性、习题安排的科学性和精练性、板书设计的纲要性和逻辑性、教学手段使用的针对性和必要性等。

总之，说课教师应当浓墨重彩、精心营造课堂教学程序，并高度重视其实用性。如果说从对大纲（课程标准）和教材的把握上能反映出教师的学识水平，那么，从课堂教学的程序设计上则更能反映出教师的实际教学经验和教学能力。

教育学（下）案例分析与思考：

一、优点单

年轻的初中女教师海伦发现自己所教的班里有不少学生的学习很吃力，有一些学生因此而有些灰心。为了帮助这些学生增强信心，她想了一条"妙计"：让每个学生用纸写下其他同学的优点，然后海伦分别抄下大家写给每个人的优点，再把这份"优点单"发给学生自己。同学们看到"优点单"上写的自己的优点，一个个惊喜万分，那些信心不足的同学很快恢复了信心，学习成绩有了明显提高。若干年后，海伦与这个班的学生们一起参加本班一个在战争中死去的学生马克的葬礼，死者的父亲从其遗物中拿出一张曾经打开、折合过许多次的两张笔记本纸，海伦一眼就认出了这是马克的"优点单"！这时，其他同学也都从自己的贴身口袋里拿出了自己的

"优点单"。大家说：我们都保留着这份"优点单"，随时随地都带着它。它在我们遇到困难的时候可以让我们想到自己的闪光点，从而增强自信心。

二、教师评语一则

"你是一个语言很丰富的孩子，在古诗这个方面尤为突出，每个老师和同学都为你这个方面的才能而赞叹不已。这种积累对于你学习语文、数学很有帮助。你的语言表达能力较强，理解能力和接受能力以及朗读能力都很强。你还是一个待人宽厚的孩子，两次同学不小心碰坏了你的眼镜，你都原谅了别人，从不计较。你又是一个爱锻炼、会锻炼、又带动全班同学参加锻炼的孩子。希望你像带动全班同学锻炼那样，做一个班集体中的带头人。"

三、四块糖的故事

当年陶行知任育才学校的校长时，有一天他看到一名男生欲用砖头砸同学，就将其制止，并责令其到校长室。等陶行知回到办公室时，见男生已在等他。陶行知掏出一块糖递给他："这是奖励给你的，因为你比我按时来了。"接着又掏出一块糖给男生："这也是奖励给你的，我不让你打人，你立刻住手了，说明很尊重我。"男生将信将疑地接过糖果。陶行知又说："据了解，你打同学是因为他欺负女生，说明你有正义感。"陶先生掏出第三块糖给他。这时男生哭了："校长，我错了，同学再不对，我也不能采取这种方式。"陶先生又拿出第四块糖说："你已经认错，再奖励你一块，我的糖分完了，我们的谈话也该结束了。"

四、小学语文课堂观察检核表

在课堂观察时，教师不仅要关注学生知识技能掌握的情况，而且应关注学生的其他方面。建议从下列的课堂观察表所提供的几个方面进行观察。

记录中教师可以根据实际的需要，关注学生突出的一两个方面，并在相应的观察项目后打个"√"，若无，则不作任何记号。

五、成长记录袋

什么是"成长记录袋"？

"成长记录袋"（或称档案袋）是在 20 世纪 80 年代西方中小学评价改革运动中形成和发展起来的一种新的质性评价方式。它是指教师和学生有意识地将各种有关学生表现的材料收集起来，并进行合理的分析与解释，以反映学生在学习与发展过程中努力、进步的状况或成就。

"成长记录袋"的类型很多。有的专家按照"成长记录袋"的不同功能，将其分为理想型、展示型、文件型、评价型和课堂型等 5 个类型。有的专家按照促进学生反思维与独立性发展的水平，将"成长记录袋"分为 4 个等级：

1. 什么都装的"成长记录袋"；

2. 样品"成长记录袋"；

3. 展示性"成长记录袋"；

4. 目标"成长记录袋"。

不管哪一类"成长记录袋"都具有以下几个基本特征：

1. "成长记录袋"的基本成分是学生作品，而且数量很多；

2. 作品的收集是有意的，而非随机的；

3. 应提供给学生发表意见和对作品进行反省的机会。

"成长记录袋"里装些什么？

有关专家认为，"成长记录袋"收集的材料可以包括：作业样本、阅读过的书目及使用过的材料清单、学习日志、自我反省材料、学生报告、工作单、实验报告，戏剧、公告或其他录像资料、调查报告、传统成绩测验分数、观察评估结果、项目设计方案、小组活动资料、卡通画、模型、计算机输出稿或软盘、艺术作品、合唱或朗诵录音及其他媒体资料。

课堂观察检核表

学生姓名：

项　目	1	2	3	说　明
观察学生是否认真 （听课、作业、讨论）				1. 认真，2. 一般，3. 不认真
观察学生是否积极 （发言、提出问题、询问、讨论与交流）				1. 积极，2. 一般，3. 不积极
观察学生是否自信 （提出与别人不同的问题、大胆尝试并表达自己的想法）				1. 经常，2. 一般，3. 很少

项　目	1	2	3	说　明
观察学生是否善于与人合作 （听别人意见、积极表达自己的意见				1. 能，2. 一般，3. 很少
观察学生思维的条理性 （能有条理地表达自己的意见、 解决问题的过程清楚、做事有计划）				1. 强，2. 一般，3. 不足
观察学生思维的创造性 （用不同的方法解决问题、独立思考）				1. 能，2. 一般，3. 很少
总　评：				

怎样设计"成长记录袋"？

本着科学有效、简单易行的原则，有关专家将设计与生成"成长记录袋"的主要步骤分为：

1. 明确目的与用途；

2. 确定评价主体、评价对象及评价内容；

3. 确定要收集的东西；

4. 确定评分的程序与结果交流的计划。

"成长记录袋"好在哪里？

一个理想的"成长记录袋"，能够为教师提供其他评价手段所无法提供的有关儿童学习与发展的重要信息，能够为我们描绘出一个动态的、完整的、立体的学生发展"图画"。

六、作文的"相册"

资料来源于《中小学管理》2002. 5

作者：北京石景山古城中心小学　赵静

从 2001 年 9 月开始，我在北京师范大学有关专家的指导下，在作文教学与评价中尝试使用了写作"成长记录袋"，收到了意想不到的好效果。

1. 建立"相册"

让学生认识并喜欢"成长记录袋"，是在教学中成功应用它的前提。我是用一种直观的方式将"成长记录袋"介绍给学生的。我把自己不同时期的照片给学生们看，告诉他们，这些照片反映了老师的成长过程；我们每个人在学习写作的过程中也有很多有意义的"照片"，它们可以记录我们写作能力发展的过程，将"照片"（即作品）收集在一起，就是作文的"相册"，即写作"成长记录袋"。听了我的介绍，同学们兴致很高，没过几天，就准备好了资料夹，每个学生还为自己的"相册"设计了别具特色的封面。

2. 收集"照片"

①以收集学生的作品为主

以前我给学生布置作文，一般是先让学生打草稿，老师批改后，学生再根据老师的意见将修改后的作文抄在本上。这种做法浪费了很多宝贵的教学资源，即学生在写作过程中形成的初稿和修改稿。如果把这些过程性的材料收集起来，让学生回顾和反省，不仅可以让学生看到自己的进步和成绩，而且可以帮助他们发现在写作方面的优势和不足，进而明确改进的目标和方法。

②收集各种写作素材

"巧妇难为无米之炊"，素材的积累对提高写作水平十分重要。因此，我特别强调让学生在写作"成长记录袋"中收集各种写作素材，如生活随笔、读书笔记、优美诗句摘抄、优秀习作剪辑等。

③收集学生参加评价的材料

学生参与评价是"成长记录袋"的主要特点之一。为此，我注意有选择地收集学生在参与评价标准的制定、进行自我评价和反省、参与同伴评价等方面的材料，并将其收入写作"成长记录袋"中。

④其他材料

只要是能反映学生在写作过程中知识与技能、过程与方法、情感态度与价值观等方面的材料，都可以有选择地进入写作"成长记录袋"中。

3. 用好"相册"

要使写作"成长记录袋"发挥其最佳效益，就要学会有效地利用其中的资源。比如，上学期，就写作问题，我与班上的每个同学都进行了一次单独的交流。我和学生一起翻看写作"成长记录袋"，共同回顾一段时期以来的写作情况，帮助学生从中看到自己的进步，发现不足，找出解决问题的有效办法。在对话中，学生可以提出自己的看法，也可以申辩。通过这种对话，学生对自己的写作水平及今后的努力方向有了比较清晰的认识。

经过一个学期的积累，每个学生的写作"成长记录袋"都是沉甸甸的。学生们看到自己一学期竟然创作出这么多的作品，成就感和自豪感油然而生。现在，学生不再怕写作文了，他们的文章在立意、选材等方面都有了明显的进步。

七、用现代信息技术"展示问题"和"求解问题"

山东省高密市的一位老师在进行地理专题教学时，设计了《黄河断流的畅想》一课，她先在屏幕上展示了几个问题：

1. 黄河断流的原因是什么？

2. 黄河断流带来的影响有哪些？

3. 对于黄河断流的现象，我们应该如何治理？

4. 如此发展下去，黄河是否会成为我国最大的内陆河？

5. 黄河断流是一种环境问题，除此以外，你还知道与其有关的哪些环境问题？假如由你去参与治理，你将如何去做？

显然，这是拓展型的探究性的问题。在教师的指导下，学生从校园网中找到地理乐园网站，下载查到相关资料，然后根据自己的理解，作一些修正或补充。规定的时间一到，学生们畅所欲言展开讨论，教师适时点拨、评价。于是，一个个闪耀着创新火花的答案诞生了。例如，对于"水土流失"的问题，一位女同学谈了自己的治理设想和采取的措施：把水土易流失之地分割开来，承包到人，种草植树，进行绿化。经过网上的查阅、交流和相互间的思维碰撞，点燃了学生智慧的火花。（问题是学习的枢纽，将问题序列展开，给学生提示了学习和探究的线索，并激发了学生求解问题的好奇心。）

八、家教两例

北京市教育科学研究院曾经遇到了一件怪事：一天，研究院里来了几位满面愁容而又不同寻常的来访者。孩子是一个有些"超常"的小学二年级男生，父母都是研究生，爷爷奶奶也都是高级知识分子。来访的原因竟然是这个男孩子要留级！愁眉苦脸忧心忡忡的家长对科研人员讲："这个孩子的确有些超常，记忆力好，爱解答问题，而且他的解答既独特又准确。有一次，老师问：'1+1等于几？'他立刻回答：'等于无限大。'老师诧异地问他根据是什么，他说：'爸爸书架上有一本书的第一页就是这么写的。'但是这样一个聪明的孩子却十分懒，回家不做作业，连做操也比别人慢半拍，考试则答不完卷子，结果总不及格……最后，学校忍无可忍，只好让他留级。"一个超常的孩子成了留级生，岂不是天下奇闻吗？科研人员刨根问底，怎么也找不出原因。这时，一位科研人员皱起了眉头，抱着试试看的心理问："孩子的袜子谁来洗？"家长回答："我们替他洗。"再问孩子的脚谁来洗，脸谁来洗，均是父母为孩子洗。科研人员愣了一下，问："那么还有哪些事是孩子自己做？"家长苦苦思索了半天，答："什么事都是我们替他做。说实话，就连吃饭还是我们喂他！"超常孩子为何留级的原因找到了：家长包办代替太多，弱化了孩子独立解决问题的能力和学习能力，更使孩子缺乏学以致用的好习惯，因此，才会发生孩子做什么事情都比别人慢、连作业也完不成的悲剧。一个知识分子家庭的孩子，一个充满爱心家庭的孩子，却发生这样的事情，不能不说是教育的悲哀！

相反，另一对父母的做法却与上面的知识分子家庭截然不同，他们非常注重培养孩子学以致用的好习惯。刚刚 6 岁的小明是一个很聪明的孩子，他从父母那里很快就学会了 100 以内的加减法。父母为了锻炼他 100 以内的加减法的实际能力，还给了他 100 元钱，叫他去附近的超市买东西。父母规定小明将 100 元钱中的 88 元买东西，其余的钱找回来，而且要求买的东西种类越多越好。同时，父母还鼓励他、要求他自己算，说小明是很聪明的好孩子。其实，让一个 6 岁的孩子自己独自去买东西，爸爸妈妈也是很担心，但为了锻炼孩子的应变能力，他们硬是狠心这么做了。父母的鼓励使小明很高兴，他认真地按照爸妈的要求去做，结果做得非常好。久而久之，小明养成了勤于实践的好习惯，每次学到了新东西，不用爸妈催促，他自己就想方设法去实践了，在实践中，他不仅印证了所学的知识，而且也大大地增长了能力。

九、一堂别开生面的小学数学课

2001 年 11 月 7 日下午，在西南师范大学附属小学上了一堂一年级数学观摩课，题目是"8＋几的教学"，使用的是西南师范大学出版社出版的新教材。全班共有 48 名学生，每 6 个人一小组，呈马蹄形围坐课桌前。其主要教学过程如下：

1. 导课：教师将自己制作的课件用投影仪展示出来。

教师首先引导学生复习上节课的内容，让学生集体口算或个体口算 $9+3=?$　$5+9=?$　$9+6=?$　$4+9=?$　四个算式。教师对学生的正确回答进行鼓励，并进一步让学生计算三个数相加的算式，这个算式教师以自己绘制的"智慧山"的形式呈现给学生，学生发出惊喜的声音，并踊跃发言。然后，教师总结规律；进入下一教学步骤。

2. 教师引导学生看书、做练习，在这个过程中教师对学生的行为进行积极的反馈。

3. 教师进一步展示问题：8＋几？

教师展示投影，让学生描述投影内容。学生以故事的形式描述出来，并让学生自己提出问题。学生：想知道8＋5＝？小组内交流讨论。教师参与其中，起到协调、沟通、答疑的作用。

小组讨论结果汇报：①因为9＋5＝14，9－1＝8，所以8＋5＝13；②挨个数；③8＋2＋3；④10＋5＝15，10－2＝8，15－2＝13；⑤从8开始往后数；⑥同意第四小组意见；⑦把8想成11，11＋2＝13；⑧同意以上观点。

教师的鼓励（及时反馈、强化）。学生讨论自己最喜欢的方法。有的学生喜欢数的方法，也有的学生认为第三种好，其他方法太慢，等等。

4. 让学生摆五角星、小棒。

学生先摆好8个，又摆好3个，并添算式。要求学生自制8＋几的口算卡片，教师巡视、指导。

5. 让学生背诵算式。

6. 教师展示投影：两条小船，分别4人和8人。

学生把8分成6和2，把4分成2和2。教师引导学生回想课本上的8＋4＝12。

7. 没有学具、没有投影，直接向学生呈现算式：8＋8，8＋6。

教师展示手工制作的苹果树，挂上11个果实，每个苹果上又有若干小苹果。小组长上前领苹果，学生气氛十分活跃。小组长担任小先生，小组内讨论、学习。

8. 教师宣布课结束。

评价：这是一堂成功的观摩课，它处处体现了新的教育理念，特别是新课程的价值取向，其特点在于：

①设计了生动的教学情境，使教学与学生的知识和经验产生紧密的联系，有利于学生的学习，并且在情境的设计中注重了情感等教育。

②采用了小组合作、交流、讨论的学习方式，并且让学生积极动手操作，有利于学生良好学习方式的形成，为他们以后的发展奠定了坚实的基础。

③体现的是一种用教材而不是教教材或学教材的观点，不拘泥于已有教材，而是根据自己的实际需要适当地改变教材，这是一种积极的努力与尝试。

④让学生寻找解决问题的方法，并探讨解决方法的多样性。教学过程中以人为本，发挥学生的主体性。

⑤在课堂教学评价时新的课程评价观念的运用，学生自发地为其他学生欢呼、鼓励，教师也用相应的方法鼓励学生。而且照顾了小组集体的共同成长。

这堂课给我们留下的深刻印象还在于，教师积极利用多种教材来进行教学。教师以教科书为主要依据，但没有拘泥于教科书，不仅尝试改革教材中的有关内容，还自己动手制作课件，并组织、引导学生制作卡片为教学服务。在这个过程中，教师实现了教材的系列化和多样化，丰富了教材的内容，完善了教材结构。

十、观察蚯蚓——生物课程资源的开发

为了使学生更好地了解蚯蚓的生活环境和习性、认识生物与环境有密切的关系、学习观察生物的方法，某教师组织学生进行了观察蚯蚓活动，将教室搬到了户外。

观察前，这位教师组织学生进行了讨论，希望通过对蚯蚓的观察了解它们哪些内容。讨论后，师生明确了观察内容大致分为五个方面：蚯蚓的习性、运动、对外界刺激的反应、生活环境以及与人类和其他生物的关系。随后，师生进行了分组，并对每组的观察任务作了分配。准备工作做好后，教师和学生一起投入观察活动中。在活动过程中，学生们积极性很高，先是找到了蚯蚓的生活环境，进行了持续的观察，并记下观察到的现象，并不时地就观察中发现的问题和小组同学展开了讨论。

观察结束，师生们返回课堂，由各组学生推选代表向全班汇报观察到的情况和得出的结论。针对学生的观察结论，教师亲自做演示实验，让它分别在玻璃板、纸板、泥盒上运动，并用投影片展示了蚯蚓腹面的结构，说明蚯蚓的运动与它的身体结构的关系，并联系其他学科知识进行解释。然后又用光、震动、樟脑、辣椒、糖等刺激蚯蚓，最后通过对生活环境中植物生长情况的鉴别，总结出"蚯蚓是人类的朋友，我们应当爱护蚯蚓"的结论。

对蚯蚓的讲解结束后，教师还充分肯定了学生们在观察活动中的表现，并对大家评选出来的"最佳观察组"颁发了小奖状。

第三编　心　理　学

第三篇　心　理　学

一、如何运用注意的规律来组织教学？

（一）无意注意的规律在教学中的应用

无意注意是由刺激物本身的特点和人的主体状态引起的。刺激物的特点和人的主体状态既可以引起学习上注意的分散，也可以借助它顺利地进行教学。为此，教师在教学过程中应当尽量避免那些分散学生注意的因素，紧紧地把握住那些吸引学生对教学内容产生注意的因素：

1. 教师讲课的语言要生动、形象、简洁、准确、富有吸引力，声音要抑扬顿挫，并伴以适当的表情，使学生产生兴趣，引起学生的无意注意。

2. 教师在教学中，要采用现代化的直观教学工具，以生动形象和新颖的内容引起学生的无意注意；教师的板书要做到条理清楚，纲目分明．重点突出。

3. 教师要妥善组织教学环节，善于组织调动和控制学生的注意。例如，教师不宜在上课开始时发测验试卷或宣布考试成绩，因为这样容易使学生把注意集中在试卷上或引起消极的情绪波动，影响对新课的注意。

4. 教师要善于组织课堂纪律，妥善处理一些分散学生注意的偶发事件，如个别学生在上课时捣乱或闹纠纷，分散了其他学生的注意，在一般情况下，教师不宜把课停下来立即处理，而应等下课再作处理。

5. 教学内容应力求丰富充实，新颖有趣，难易适当，不能过深或过浅。

6. 要采用多样化的教学方法，避免学生产生抑制，难以使注意稳定。

7. 教室周围的环境要安静，教室内的布置要简朴，不要过多的装饰与张贴，以免引起学生注意的分散，还要保持教室内光线充足、空气新鲜，这些都足以影响学生注意的稳定。

（二）有意注意的规律在教学中的应用

学生要搞好学习，不能只凭兴趣，必须学习那些自己不感兴趣，但又必须学习的知识。因此，教师在教学中要遵循有意注意的规律去组织教学。

1. 帮助学生树立明确的学习目的。

2. 对学生的要求要严格适当。

3. 引导学生积极地思考。

4. 把智力活动和实际操作结合起来。

（三）两种注意交替规律在教学中的应用

教学中，学生完全依靠有意注意来学习，大脑皮层长时间地处于兴奋状态，容易产生疲劳和注意的分散。但也不能单凭无意注意来学习，因为任何学科的内容不可能都是有趣和吸引人的，而且不是都轻而易举就能掌握的。因此，在教学过程中，教师要善于引导学生的两种注意有节奏地交替轮换。就一堂课来说，上课之初，学生的注意还停留在上一堂课或课间活动的有趣对象上，要通过组织教学来引起学生对上课的有意注意；接着让学生对新课题、新内容发生兴趣，产生无意注意；随后，要根据由近及远、由浅入深、由具体到抽象的原则进行教学，让学生掌握教材的重点难点，使学生由无意注意转入有意注意；在紧张的有意注意之后，又要通过教学方式的改变、直观教学和有趣的练习来引起无意注意。这样，既能使学生保持长时间稳定的注意，又减少了学生学习时的疲劳，增强了学习的效果。

二、怎样培养学生的观察力？

观察力是人智力（智力包括观察力、注意力、记忆力、想象力和思维力五种成分）的重要组成部分。教师在组织学生观察时要注意：

（一）要明确观察的目的与计划。组织学生观察活动的目的越明确具体，计划步骤越周详，观察效果越好。

（二）事先学习有关观察对象的理论知识。

（三）要教给学生观察的方法。

1. 教会学生根据不同的观察目的、任务，选择不同的观察方式、方法或观察顺序，如按照"整体—部分—整体"或"部分—整体—部分"的顺序，选择"由近及远"或"由远及近"的方法。

2. 教会学生运用多种感官。参加观察的感官越多，效果越好。

3. 养成边观察边思考的习惯。在观察前，应向学生提出一些启发性问题，让学生带着问题观察、思考。

4. 教会学生做好观察记录和分析整理观察资料的方法，以便作出正确的观察结论。

三、怎样运用社会知觉建立良好的师生关系?

在教育过程中，主要的人际关系是师生关系，因此，在教育实践中，教师要不断提高自己的社会知觉的能力，处理好师生关系，提高教育水平。

（一）正确对待第一印象

教师要注意装饰自己，以身作则，给学生形成良好的第一印象。但对待学生，教师则不能单凭对学生的第一印象。对第一印象好的或差的学生都要一视同仁，不亲不疏。要用发展的观点，全面、具体地分析学生，避免因主观主义和片面印象影响师生关系。

（二）公正地对待学生，防止发生晕轮效应

晕轮效应是指在对他人的某些品质形成了清晰鲜明的印象后，从而掩盖了对其余品质的知觉，是一种以点概面的反应，所以，称为晕轮效应。教师对学习好的学生不能"一俊遮百丑"；对学习差的学生不能"一坏百坏，一无是处"。要全面了解每一个学生的长处和不足，要长其善而救其失，鼓励学生共同进步。

（三）消除刻板现象

刻板印象是对社会上各类人所持有的固定看法，或者说对人的概括、泛化的看法。教师不能光凭刻板印象一眼把学生看死，轻易地把他们归入某一个先进或落后的群体，特别不能把顽皮的学生归入难以教育的一类，造成师生对立，应该通过对学生长期的观察了解，对学生做客观的、全面的、具体的评价。

（四）重视运用近因效应

近因效应是指最近获得的信息给人留下较深的印象，对后来的交往发生一定的影响。教师要重视和把握从每一名学生身上获得的最新信息，用发展的观点全面、历史地及时分析他们的新思想、新情况，对于他们好的思想苗头，及时扶持鼓励，使之发扬光大；对于不好的苗头，要把问题解决在萌芽时期，使学生时时处于发展进步之中。

四、如何有效地组织学生复习？

良好的复习效果不是取决于复习次数的多少，而是取决于正确的组织安排与活动方式。

（一）及时复习

根据在识记后的最初阶段遗忘速度很快，遗忘量很大，以后逐渐缓慢的遗忘规律，复习应安排在大量遗忘产生之前，而不是之后，这就必须做到及时复习。

（二）系统复习

要想长期保持所学到的内容不遗忘，还必须进行系统的不断复习。根据有关研究，有效的复习时间最好作如下安排：

第一次复习，学习结束后的 5~10 分钟，比如下课后将要点加以背诵，或者阅读后尽快用自己的语言来表述所学的内容。

第二次复习，学习当天的晚些时候或学习结束后的第二天，重读有关内容，将要点以自己的语言描述出来。

第三次复习，一星期后。

第四次复习，一个月后。

第五次复习，半年后。

（三）过度学习

过度学习是指在恰能背诵某一材料后再进行适当次数的重复学习。研究证明，过度学习能够增强记忆效果。一般而言，过度学习的程度达 50% 时效果较好。例如，当你识记某一材料 4 遍刚好能记住时，那么最好你再多读 2 遍，总计 6 遍。其中的 2 遍即为过度学习。但要注意当超过 50% 的过度学习反而会引起疲劳、注意力分散甚至厌烦情绪等不良效果。

（四）采用试图回忆与反复阅读相结合的方式

复习时，单纯地一遍遍阅读的效果并不好，应当在材料还没记住以前就不断地试图回忆，复习效果可以提高。

（五）采取多样化的复习方法

运用多种感官参加复习。

（六）正确分配复习时间

从时间分配上，可将复习分为集中复习和分散复习。复习时间过于集中，易发生干扰，过分分散也易遗忘。一般说来，对无意义的、数量较多的材料复习、技能的练习，分散复习比集中复习优越；当材料较难又抽象，并缺乏兴趣和需要时，则以分散复习为好；在对材料有了一定的了解、又有较强的兴趣与动机时，则可较集中地进行复习。

五、常用的记忆方法有哪些？

（一）直观形象记忆法

把抽象的材料加以直观形象化进行记忆的方法，叫直观形象记忆法。例如，给学生讲"办"字时说："办事要出力，出力要出汗"，边讲边在"力"字的两边各添一点，表示出汗，就易给学生留下深刻印象。

（二）歌诀记忆法

在有关学科教学中，如果把识记的材料编成合辙押韵的歌诀，能收到极好的记忆效果。

（三）特征记忆法

在记忆某些无意义的材料时，可采用寻找其特点的方法进行记忆。例如，日本富士山的最高峰为 12365 英尺，可记为"等于一年的月份（12）加上一年的天数（365）。

（四）归类记忆法

对那些在认识上易产生泛化的相似材料，通过归类比较，分辨其细微的差别，使其在认识上产生分化，在储存上系统化，从而保持牢固记忆。

（五）重点记忆法

将复杂的识记材料进行简化，先记住要点，然后以此作为记忆的支撑点再逐步扩大重现范围的方法叫重点记忆法。

（六）联想记忆法

通过对某一事物的回忆而引起对另一事物的回忆方法，叫联想记忆法。联想有接近联想、类似联想、对立联想和因果联想。

（七）自编提纲记忆法

是指在学习长篇材料时，根据材料的联系，把它分成若干段落并拟出提纲的记忆方法。

（八）推导记忆法

某些事物之间有内在的逻辑联系，在理解这种联系的基础上可以记住其中某个或某些要素，由此推及其余，这种记忆方法叫做推导记忆法。

（九）图表记忆法

是对复杂的材料通过制作图表由繁化简的记忆方法。

六、思维的基本特征是什么？思维的概括性在思维活动中的作用是什么？

思维的基本特征有间接性和概括性。其中思维最显著的特性是概括性。

概括是在头脑里把抽象出来的事物本质属性，联合起来推广到一类事物，使之普遍化的思维过程。

概括性在思维活动中起着非常重要的作用。

（一）概括是人们形成或掌握概念的直接前提。儿童青少年掌握概念的特点，是直接受他们的概括水平的高低所制约的。

（二）概括是思维活动的速度、灵活迁移程度、广度和深度、创造程度等智力品质的基础。"迁移就是概括"，一切学习迁移、知识的运用，都离不开概括。概括性越高，知识系统性越强，迁移越灵活，那么一个人的智力和思维能力就越发展。

（三）概括水平是衡量儿童青少年思维发展的等级标志。思维水平通过概括能力的提高而获得显现。

发展儿童青少年的概括能力，是发展思维、培养智力的一个重要环节。

七、如何培养学生的创造性思维？

创造性思维是指重新组织已有的知识经验，提出新的方案或程序，并创造出新的思维成果的思维活动。

对儿童进行创造性思维训练，提高儿童的创造性水平主要可以通过下面的途径：

（一）建立目标与意向

创造性思维训练之初，就要使参与者了解训练的目的，就是使其最终表现出更多的创造性行为。

（二）训练基本的技巧

创造性思维训练中有八种必要的技巧：会聚技巧、信息收集技巧、记忆技巧、信息的组织技巧、分析技巧、从现有知识中得出新信息的技巧、整合信息的技巧和评价技巧。创造性思维训练中要注意对基本技巧的训练。

（三）鼓励个体取得某领域的具体知识

某领域的具体知识并不一定导致创造性行为的出现，但它是创造性活动的必要条件。

（四）刺激和鼓励好奇心

把一切都视为理所当然，会扼杀自己创造性活动的可能，对事物的好奇心是创造性行为的种子。

（五）建立动机，特别是内部动机

有强烈愿望进行创造性活动的个体，也会有更多的创造性表现。

（六）建立自信，鼓励冒险精神

（七）强调掌握和自我竞争

向参与者展示他们前后的进步，会使得个体更愿意参与训练，在遇到困难时也能坚持。

（八）培养有关创造力和创造性思维的信念

要使儿童相信创造性思维在很大程度上受动机和努力的影响，还要知道杰出的创造性表现需要多年的艰辛努力。

（九）提供选择和发现的机会

要给儿童多个活动供其选择，在活动过程中给其探索的机会。

（十）促进自我管理技巧，也就是元认知技巧

元认知是个体对自己思维和学习活动的知识和控制。它包括元认知知识和元认知控制两个方面。

（十一）传授创造性思维的策略与技术

（十二）运用例子

运用例子更容易向儿童传送创造性的信仰和价值观。

八、中小学生创造力的特点是什么？

创造力也称创造性或创造心理，是指人在某一领域内表现出来的独特、杰出、非凡而有价值的才能。创造力不是单一的能力，而是以创造性思维为核心的多种能力的综合。

创造力的基本特征有独创性、流畅性和灵活性。其中独创性是指产生新的非凡思想的能力，表现为产生新奇、罕见、首创的观念和成果；流畅性是指思维敏捷，反应迅速，对于特定的问题情境能顺利给出多种反应或答案；灵活性是指具有较强的应变能力和能动性，具有灵活改变定向的能力，能发挥自由联想。

（一）小学生的创造力表现出如下特点：

1. 整个小学阶段创造力呈发展趋势，其中流畅性最高，变通性居中，独创性最低。

2. 在小学一年级至三年级阶段，学生的创造力呈上升趋势，小学四年级出现下降，小学五年级又回复上升，小学六年级又表现出下降趋势。

3. 在小学阶段，男女学生的创造力发展基本上是同步的，性别差异不明显。

4. 在小学阶段，对学生进行创造力教育，可以促进他们创造力的发展。

（二）中学生的创造力表现出如下特点：

1. 在整个中学阶段，学生的创造力是不断提高的，呈波浪式前进。

2. 在教育的条件下，中学生的创造力有明显的提高。

3. 中学生的创造力的个体差异不断增大。

4. 中学生的创造力表现出更大的主动性和有意性，中学生能根据特定的目的开展创造性活动，创造的成果所达到的水平接近成人的。

5. 中学生创造想象的现实性增强。

九、高创造力儿童的人格特征有哪些?

创造力与人格的关系是非常密切的。高创造力的人具有一些有利于其创造力的发展和创造性地完成任务的人格特点，这些特点就构成了"创造性人格"。

研究表明，高创造力儿童具有如下的人格特点：

（一）有浓厚的认识兴趣，有好奇心，能不断提出问题。

（二）思维和行动具有独立性。

（三）想象力丰富，敢于幻想，喜欢叙述。

（四）不随大流，不依赖集体的公认。

（五）主意多。

（六）喜欢搞实验。

（七）顽强、坚韧、自信、勤奋，灵活、进取心强。

（八）对事物的错综性感兴趣，探索各种关系，喜欢用多种思维方式探讨复杂的事物。

十、如何培养学生的创造力?

（一）改变不利于创造力培养的教育观念。

培养学生的创造力，首先要改变教师与家长的教育观念，下面是一些不利于创造力培养的教育观念。

1. 过分追求成功：在教师和家长的心目中，考试得高分数的学生是好学生，学生只为获得高分数而学习，不去独立思考。学生学习的动力来自于外部，即好分数可以得到他人的表扬，而不是来自于内部，即通过自己发现新方法解决问题，这样会导致学生缺乏创造的动力。

2. 以同龄人的行为为楷模。教师和家长经常教育学生要向同龄人学习，这样每个学生必须小心控制自己的行为，使自己的行为与他人保持一致，也就是让学生没有个性，没有自我，没有勇气，总觉得自己不行，导致学生觉得自己不能进行创造性活动。

3. 禁止学生提问。有时教师和家长不喜欢学生提问，或者不鼓励学生提问，这就限制了学生的创造力。

4. 权威式教育。传统上教师一直强调师道尊严，教师要求学生读课本并相信自己所教的内容，不鼓励学生对教材内容和教师讲授的内容进行质疑，也就是不鼓励学生反权威，压抑自己的创造力。

（二）提高教师的素质。教师对学生创造力的培养起主导作用。

日本学者恩田彰提出有利于学生创造力发展的教师具有下列特征：

1. 自己本身具有创造力；

2. 有强烈的求知欲；

3. 努力设法形成具有高创造性的班集体；

4. 创设宽容、理解、温暖的班级气氛；

5. 具有与学生们在一起共同学习的态度；

6. 创设良好的学习环境；

7. 注重对创造活动过程的评价以激发儿童的创造渴望。

（三）创造力培养的具体措施

1. 广开思路。要培养学生遇到问题从多个角度来考虑的习惯，以提高学生的创造力。

2. 距离联想。培养一个人远距离联想的能力，有助于其创造力的发展。

3. 多中心注意。培养学生注意分配能力，有利于其创造力的发展。研究表明，有创造力的人，能够同时注意多种信息。

4. 类比推理。类比推理是进行创造性思维时的原型启发。能够发现两种事物之间的类比关系，表明一个人能够把二者纳入同一个深层次的上位范畴中，这有利于把已掌握的关系，转用于本来是非常生疏的事物关系之中，这是创造性思维发达的一种表现。

5. 克服紧张。创造力高的人，在进行创造性思维活动时，情绪表现出异常的平稳，因此，培养学生克服紧张的能力，对于他们的创造性思维有促进作用。

6. 集体讨论。集体讨论又称头脑风暴法，是由奥斯本提出来的一种培养创造力的方法。其基本做法是，教师要先提出问题，然后鼓励学生尽可能多地寻找答案，不必考虑答案是否正确，同时教师也不对答案作评论，一直到所有可能的答案都找出来为止。

7. 心理安全。美国学者罗杰斯提出，要想培养学生的创造力，必须要形成和发展学生的"心理安全"和"心理自由"。罗杰斯认为，心理自由的人有以下特征：

①他能够坦然承认自己的身份，而不怕被人笑话或奚落；

②他至少能象征性地表达自己的冲动和思想，而不必压抑、歪曲或隐瞒它们；

③他能幽默地和以不同寻常的方式来处理印象、概念和词句，而不会感到内疚；

④他把未知的和神秘的东西或者视为要应付的严重挑战，或者视为儿戏。

8. 语文、数学学习中的创造力培养。有研究证明，在数学教学中，让学生从小学一年级开始从事自编应用题的活动，经过训练，结果发现，这种方法对培养学生的创造力有明显的作用。在语文教学中，让学生讲故事、阅读、活动和写作文等对提高学生的创造力有明显作用。

十一、多元智力理论的基本内容是什么？

多元智力理论是由美国心理学家加德纳提出的。加德纳认为，智力的内涵是多元的，它有七种相对独立的智力成分所构成。这七种智力为：

（一）语言—言语智力：指人对语言的掌握和灵活运用的能力，表现为个体能顺利而有效地利用语言描述事件、表达思想并与他人交流。

（二）逻辑—数理智力：是指对逻辑结构关系的理解、推理、思维表达能力，主要表现为个人对事物间各种关系如类比、因果和逻辑等关系的敏感以及通过数理进行运算和逻辑推理等。

（三）视觉—空间智力：是指人对色彩、形状、空间位置等要素的准确感受和表达能力，体现了个人对线条、形状、结构、色彩和空间关系的敏感性以及通过平面图形和立体造型将它们表现出来的能力。

（四）音乐—节奏智力：是指个人感受、辨别、记忆、表达音乐的能力，表现为个人对节奏、音调、音色和旋律的敏感性以及通过作曲、演奏、歌唱等形式来表达自己的思想或情感的能力。

（五）身体—运动智力：是指人的身体的协调、平衡能力和运动的力量、速度、灵活性等，表现为用身体表达思想、情感的能力和动手的能力。

（六）人际—交往智力：是指个体对他人的表情、说话、手势动作的敏感程度以及觉察、体验他人的情绪、情感并作出适当反应的能力。

（七）自我反省智力：是指个体认识、洞察和反省自身的能力，表现为个体能较好地意识和评价自己的动机、情绪、个性等，并且有意识地运用这些信息去调适自己的生活的能力。

加德纳认为，每个学生都在不同程度上拥有上述七种基本智力，每个人都是具有多种智力组合的个体，每种智力在个人智力总和中所占的比重不同，智力之间的不同组合表现出个体之间的智力差异。教育的前提不在于学生原先有多么聪明，而在于通过教育怎样使学生变得聪明，在哪些方面变得聪明。并且他认为，这七种智力代表了每个人不同的潜能，这些潜能只有在适当的情境中才能得到充分地发展。

十二、加德纳的个性化教学的设想的基本内容是什么？

加德纳认为学生没有完全相同的智力，而都有自己的智力强项，有自己的学习风格。如果考虑这些差异，如果考虑学生个人的强项而不是否定或忽视这些强项的话，教育如果以最大限度的个别化方式来进行，那么教育就会产生最大的效益。为此，他提出了个性化教学的设想，即教师应去了解每一个学生的背景、兴趣爱好、学习强项等，从而确定最有利于学生学习的教学方法与策略，在可能的范围内使具有不同智力的学生都能受到同样好的教育。为此，加德纳提出了以下一些有针对性的策略：

（一）了解学生

1. 尽量收集某一个学生如何学习的资料，并且要把这些资料和该生任课教师的教学实践结合起来，共同讨论与分享。最好的做法是让该生跟同一教师学习若干年，使学生和教师对彼此都有深入的了解，最终形成彼此相容的"搭档"，使教师不再说出"我教得好，但他就是学不会"这样的话来。

2. 在学校里建立有效的信息交流库，使新任的教师在实际接触学生之前就对学生有相当的了解。同时，教师要不断地往信息库中增加新的信息，最终使每个学生都有一个记录自己成长和进步轨迹的"档案袋"，从而促使教师提出有针对性的教学措施。

3. 让有共同学习方式或互补学习方式的学生一起进行合作学习，促使学生在相互交流与合作的过程中得到良好的发展。

（二）让学生从事能描绘出学生智力强项和弱项的项目学习或研究

1. 智力展示：在学校里要尽量提供一些能够启发不同智慧的材料，包括自然标本、棋盘游戏、美术、劳动和音乐材料以及可以运动、跳舞、堆积木的空间，使学生和这些材料或环境不断发生互动。通过这种连续不断的互动和探究，每一个学生就会自然地显现出各自不同的智力类型。

2. 专题作业：学校应向学生布置一些专题作业。专题作业是依据学生感兴趣的主题而设计的，它很好地反映出学生对有关知识和概念的掌握情况及其所表现出的智力类型和特征。每一个专题结束时，都应展示专题作业的报告，在学生中交流。

加德纳的以多元智力理论为指导的全新的个性化的教学理念为我国素质教育的有效实施提供了良好的思路。

十三、多元智力理论对素质教育的启示是什么？

（一）正视智力的多元性，全面深刻地认识学生

长期以来，我国的中小学教育教学深受传统观念的影响，比较多地重视多元智力理论中的言语—语言智力和逻辑—数理智力。面对多元智力理

论的其他各种智力则很少涉及，几乎所有的学校课程都围绕着语言能力和数理能力进行的。在学校教育中的智育简单地等同于以语言能力和数理能力为核心的能力，而以语言能力和数理能力为核心的能力又被简单地和读书、考试、升学画上了等号，学校和教师常以考试成绩来评价学生，并相应地把学生分成聪明和不聪明，这样教育就只属于那些优势智力领域在语文和数理化方面的学生，相当多优势智力领域在多元智力及其他智力方面的学生则很早就被带上了"差生"的标签，这样以个体某一两种能力的水平来代表其整个智力的高低是不科学的。因为学生所拥有的个人认知方面的确各有长处，每个学生都能以其独特的认知方式对人类文化作出有价值的贡献。因此，我们应该用多元的观点来看待人类智力，不能只偏爱语文和数学智能，而应使这七种智力受到同等的重视。要使这些方面的智能受到重视，就必须使教师、家长、学生乃至全社会的有关人士懂得并接受多元智力的观念。教师和家长要树立起新观念：没有什么好学生、差学生，都是有希望的学生；没有什么聪明孩子、笨孩子，都是有潜在智能的孩子。

（二）从更广阔方面发现并识别学生独特的才能

多元智能理论使得人们由以往关注"你的智能有多高"转为"你的智能类型是什么"。这为教师认识学生们具有的那些在传统教育中不被承认或未被发现的智能提供了现代理论依据。因为每个学生的身上都蕴藏着它独特的个人潜能，教师在教学过程中要认真地考虑学生的多元智能并加以识别。例如有些人擅长演奏动人心弦的乐曲，有些人对数学难题的挑战兴奋不已，有些人具有领导才能，能够给予同学们以积极而值得信赖的领导，并能够成为他们的典范，等等。教育的责任在于把他人挖掘出来，发扬光大，以不断提升生命的意义。

那么，怎样发现和识别学生的潜在智能呢？教师要学会观察、展示的手段，注意观察每个学生的智能倾向，评估学生最突出的智能表现。而观察学生最发达智能的一个好方法是观察他们在课堂上"不规矩的表现"：语言智能发达的孩子比较爱说话，空间智能发达的孩子爱涂涂画画、发呆冥想，人际关系智能发达的孩子善于与人交往，身体智能发达的孩子爱做小动作。另外，教师观察学生倾向的另一种方法是课余时间和学生在一起，即在无人指导的情况下，看他们在做些什么；还可以通过他们与同学、朋友谈话和讨论问题时的情况来了解；第三，可以收集学生活动资料、参考学习成绩、访问学生家长及学生本人、设计专项活动等。但是在教育实践中，要通过多元智能观察每个学生，并不是一件很容易的事情。教师需要掌握新的科学方法和观察技能。

（三）为了每个学生的发展，提供支持性学习环境，开发每个学生的智能

按照加德纳的观点，"学校教育的宗旨应该是开发学生的多种智能并帮助学生发现适合其智能特点的职业和业余爱好。"因为每个学生在接受学校教育时，让每名学生至少发现自己有一个方面的长处至关重要。这样学生就会热切地追求自身内在的兴趣。这种追求不仅可以培养学习过程中的兴趣，也是坚持不懈地努力的内在动力，这正是熟练地掌握学科原理和创造发明所必备的品质。反之，如果学生没有发现自己感兴趣的事情，就难以培养出对学习的喜爱。

多元智力理论提醒教师：要明确当前课程计划和课外活动中，包含了哪些在学生身上可以培养的多元智能要素，教师应致力于普及这些要素，确保所有的学生能从中受益。如果不去提供相关的环境支持，他们的内在潜力就会自我毁灭。"而当每个人都有机会挖掘自身的潜能而高效地学习时，他们必将在认知、情绪、社会、甚至生理各个方面展现出前所未有的积极变化。"当每个学生的潜能都得到充分的开发以后，整个民族素质便得到极大的提高。

（四）立足于多元智能的多元素养，因材施教

加德纳的多元智能理论，为因材施教的思想论证、发扬和深化翻开了新的一页，为个性化教学提供了良好思路。之所以有些学生成绩差，"是因为他们所在的学校的教育不适合他们，没有充分发挥他们的潜力造成的"，教师要根据学生的实际和智能的差异，采用多样化的教学策略和方法，使学生能够用他们所理解的方式去获取知识，这样，不同的学生都可以得到同样好的教育，每个学生都可以得到良好的发展。

（五）针对不同的智能特点，设计相应的教学活动

根据语言智能的特点，在教学中要注意加强师生之间及生生之间的对话与交流。如将讨论法引入课堂教学，这种互动对教学效果的提高大有裨益。

根据数理逻辑智力的特点，教师既可以用它来指导数学、自然等学科的教学，也可以把数理逻辑智力作为教学工具应用于其他学科的教学中

去。如在历史课上，让学生归纳历史人物的贡献，分析整个历史事件的因果关系，对未来作出预测等，都是对数理逻辑智能的应用。

根据身体运动智能的特点，教师可以较多地采用互动教学的方式，尤其是在小学阶段。

根据人际关系智能的特点，可以让学生采用小组合作学习的方式，这种生生之间的互动和交流，既培养了学生的合作能力，也有助于学生之间取长补短，在相互合作中共同取得进步。

根据音乐智能的特点，教师既可以以此为指导设计音乐课程，也可以将音乐智能作为辅助其他学科教学的手段，为学生营造一种有效学习的情境。如在学生有感情地朗读课文时，配上与之相应的音乐。

根据空间智能的特点，教师应注重教学的直观性和形象性，培养学生的观察能力和形象思维能力。

根据自我认识智能的特点，要在教学中经常给学生以反思的机会，从而达到对所学内容的深刻理解。如在历史课上让学生反省个人目前的生活与当时的差异，设想如果自己是某个历史人物会怎么做等。

（六）应该注重培养学生的创造能力

根据加德纳的多元智力理论，不仅现实生活需要每个人都充分利用自身的七种智力来解决各种问题，而且社会的进步需要个体创造出社会需要的物质产品和精神产品，而以上两种能力的充分发展才应该被视做智力充分发展的证明。从本质上讲，解决实际问题的能力也是一种创造能力，因为它主要是综合运用多方面的智力和知识，创造性地解决现实生活中没有先例可循的新问题特别是难题的能力。由此，加德纳的多元智力理论为我们注重学生的创造能力提供了一个理论上的新依据——我们教育教学内容的重点被定位为学生书面语言能力和抽象逻辑能力培养的情况再也不能继续下去了，我们应该从培养学生的实践能力着手，着重培养学生的创造能力即解决现实生活中实际问题的能力和创造出社会需要的物质产品和精神产品的能力。注重培养学生的创造能力要求我们教育工作者：第一，充分认识创造和及早培养创造能力的重要性。第二，挖掘教育教学内容中的创造因素。第三，组织课内外、校内外的实践活动特别是小发明、小创造活动。

（七）评价学生的学习应注重对多元化的评价

长期以来，我们只注重学业智力，特别是语文智力和数理逻辑智力两种，对其他智力，诸如社交智力、实际生活智力、自我认识智力等均有所忽略。即使是对学业智力的评价，也忽略了情感、态度和价值观这一侧面。在这样的教育环境中培养出来的学生，其智能结构是残缺不全的，实际上，人类社会的许多问题单靠语言和数学智能已经不能解决，而需要多种智能的综合，因此，学校教育只从某一个角度进行评价难免会失之偏颇，评价指标、评价方式应当多元化。

十四、情绪情感的功能是什么？

（一）情绪情感的动机作用

主要体现在情绪具有激励作用。有时我们会努力去做某件事，只因为这件事能够给我们带来愉快与喜悦。从情绪的动力特征看，分为积极增力的情绪和消极减力的情绪。前者会提高人们的活动能力，而后者则会降低人们活动的积极性。

（二）情绪情感的调控功能

情绪情感对于人们的认知过程具有影响作用，有积极作用，也有消极作用。大量研究表明：良好的情绪情感会提高大脑活动的效率，提高认知操作的速度与质量，对人的认知活动具有积极的组织功能，而不良的情绪情感对人的认知活动具有消极的瓦解功能，如考试焦虑就是一个典型例子，考试压力越大，考生考砸的可能性越大。

（三）情绪情感的健康功能

人对社会的适应是通过调节情绪来进行的，情绪调控的好坏会直接影响到身心健康。积极而正常的情绪体验是保证心理平衡与身体健康的条件。

（四）情绪情感的信号功能

情绪的外部表现是表情，表情具有信号传递作用，属于一种非言语性交际。人们可以凭借一定的表情来传递情感信息和思想愿望。表情往往具有补充作用，人们可以通过表情准确而微妙地表达自己的思想感情，也可以通过表情去辨认对方的态度和内心世界。所以，表情作为情感交流的一种方式，它被视为人际关系的纽带。

十五、什么是情感教育？情感教育的一般目标是什么？

情感教育是完整教育过程的一个组成部分，通过在教育过程中尊重和培养学生的社会性情感品质，发展他们的自我情感调控能力，促使他们对学习、生活和周围的一切产生积极的情感体验，以形成独立健全的个性与人格特征。

情感教育的一般目标包括三个内容：

（一）培养学生的社会性情感：社会性情感主要包括道德感、理智感和美感。其中理智感是指学生的好奇心和求知欲。

（二）提高他们的情绪情感的自我调控能力：即为他们提供必要的处理情感问题的知识与技能。

（三）帮助他们对自我、环境以及两者之间的关系产生积极的情感体验。

这三个方面最后都指向整个教育目标的完成和健全人格的培养，这是情感教育的终极或最终目标。

十六、小学阶段的情感教育目标是什么？

这一年龄阶段的孩子的思维处于具体运算阶段，道德发展处于"自我中心"客观责任阶段，情感发展则处于"单方面自尊"阶段。从总体上看，又称为"我向性"阶段。

（一）小学阶段学生情绪情感特征

1. 情绪情感比较鲜明、活泼，对成人的爱抚和关心有强烈的渴望；

2. 非常容易受到外界的暗示和影响，往往以成人的标准为标准；

3. 情绪相当不稳定，容易任性；

4. 表现欲比较强，但也容易受挫折，不具备起码的应付挫折的知识和能力；

5. 经受不起很小的情感压力，调控能力比较差；

6. 产生初步的道德感，如做了好事感到很高兴，做了错事会觉得很内疚等；

7. 好奇心、求知欲进一步增强，愿意自己尝试着去独立思考一些问题，理智感初步产生；

8. 美感的发展仍然很缓慢，与上学前区别不大。

（二）小学阶段学生的情感教育目标

1. 经常给予他们积极的鼓励和肯定的评价，培养他们积极的"自我接纳"态度，体验作为好孩子的快乐；

2. 教会他们恰当地表达自己的情感需要和情感体验，为提高自我调控能力打基础；

3. 培养他们初步的道德感，包括荣誉感、羞耻感、义务感、责任感等等，对集体生活和同学有一种积极情绪体验；

4. 引导他们的好奇心和求知欲向比较稳定的方向发展，培养他们初步的探索精神；

5. 通过游戏、音乐、形体、美术课使他们进一步地体验美感及其不同形式，引导他们将这种美感与自己的生活结合起来。

十七、初中阶段的情感教育目标是什么？

这一时期学生的思维特征处于由"具体运算"阶段向"形式运算"阶段转变，道德发展则由"单方面自尊"向"利他性"方面发展。

（一）初中阶段学生的情感特征

1. 积极的情感体验主要来自师生交往间的信任感、学习活动中的成功感和生活交往中的友谊感；

2. 开始正式出现一些非正式的以情感为纽带的小群体，个体情感体验与小群体中的同伴评价密切相关；

3. 经常有一些莫名的苦恼，情绪开始容易激动，"心理风暴期"开始到来，情绪调控能力与需要解决的情感问题相比处于最低水平；

4. 道德感进一步增强，能够根据一些显形的生活规则评价他人和自己的行为；

5. 理智感得到进一步发展，能够产生比较稳定的学习兴趣，但也在不当的教育教学方式中很可能受到压抑，出现轻微乃至中度的厌学反应；

6. 随着思维能力的提高，美感在潜伏了一段时期之后开始得到迅速的发展，表现美的欲望增强，而且渴望在形体方面受到别人的关注，但也容易有羞涩感；

7. 容易接受一些流行的审美标准和趣味。

（二）初中阶段学生的情感教育主要目标

1. 开始培养学生的自尊、自信、自强和自律精神；

2. 正确认识并较好地处理哥们儿义气；

3. 传授一些自我情感调控的基本知识和方法；

4. 加强情感心理咨询和辅导；

5. 引导他们树立远大的科学志向和高尚的社会理想；

6. 组织丰富多彩的文体活动，丰富他们的情感生活，同时防止不良情感的影响。

十八、高中阶段的情感教育目标是什么？

这一时期形式运算思维成为基本的思维品质，社会道德感进一步加强，审美趣味进一步提高，情感的稳定性、丰富性等都有所增加，自我调控能力也有所提高。但是，由于激烈的高考竞争和升学压力，高中生情感发展的丰富性、深刻性等受到极大的限制甚至是扭曲。因此这一阶段情感教育具有非常关键的意义。

（一）高中阶段学生的情感特征

1. 职业情感开始出现，职业偏好开始形成；

2. 出现朦胧的爱情和爱情体验；情感发展容易被沉重的学习压力所抑制，自我调控能力在低水平上徘徊；

3. 道德感进一步发展，基本处于社会一般水平，能够产生一些比较深刻的道德体验；

4. 理智感进一步加深和分化，开始产生专业偏好，出现"科学家崇拜"；

5. 美感也倾向于丰富和个性化，开始喜欢一些经典的作品。

（二）高中阶段学生的情感教育目标

1. 向他们介绍多种多样的职业，使他们认识并体验到每一种职业都是必要的伟大的，形成一定的敬业精神；

2. 引导并具体帮助他们区分友谊与爱情，区分朦胧的情感需要与真正的爱情需要；

3. 防止并矫正学业不良和学业失败者产生消极的情绪体验和反社会人格态度；

4. 帮助他们进一步发展自己的道德感，可以就一些有争论的问题进行讨论或辩论，以促进道德态度与科学精神的结合；

5. 进一步培养他们的深刻的学习体验，从对学习结果的体验发展到对学习目的的体验；

6. 防止他们产生一些庸俗美感，用高尚的文艺作品和丰富多彩的文体活动熏陶他们。

十九、情感教育的价值是什么？

（一）对人的生存具有积极意义

人在生存和延续种族的过程中，有许多适应生存的发生和手段，而其中情绪情感是最为重要的。这包括正确辨认他人的情绪，理解别人的情绪与感受以适应社会需要，控制自己的情绪情感；借助情感的表达来实现人际情感的沟通和情感的认同。而其中积极的情绪体验是为人生长所必需的。因此培养儿童积极的情绪体验，营造儿童丰富的精神世界，对人的生存意义是重大的。

（二）促进学生认知的发展

情感教育有助于人的认知发展。一般说来，积极的情绪在认知过程中起协调、组织作用，工作效率高，而消极的情绪起破坏、瓦解的或阻断的作用，工作效率低。

（三）促进良好人际关系的建立

愉快的情绪体验会促进人与人关系的融洽，建立良好的人际关系，并且良好人际关系的建立有利于：

1. 建立良好的教学气氛：美国的帕特里克的实验研究支持了这一观点。他通过对学生在不同气氛中的认知活动的对比实验发现：在良好的学习气氛中，学生的情绪高涨，对知识的感受性高，记忆深刻，思维敏捷，注意力集中；在压抑的学习气氛中，学生情绪不稳定，认知活动效率下降，机械重复和混乱反应增多。

2. 有利于建立融洽的师生关系：我国心理学工作者的有关研究表明，融洽的师生关系有利于培养学生的兴趣，改进学习的动机，端正学习的态度，并且直接影响学生的学业成绩，从而促进学生的认知发展。

3. 有利于建立友好合作的同学关系：友好合作的同学之间的交往可以是具有不同智力水平、知识结构、思维方式、认知风格的学生相互学习，取长补短，情感交流，共同解决学习上遇到的各种困难，共同实现认知的发展。

（四）促进学生潜能的开发

脑科学的最新研究成果表明，只有当大脑两半球协调一致时，人的潜能才能充分地发挥出来。美国的斯佩里通过大量的实验研究发现：人脑的两半球存在着机能分工的不同，其中左半球同抽象思维、逻辑形式有关，包括语言活动；右半球则同知觉、空间相联系，包括人的知觉、联想、情感、意志等因素。大脑两半球不但有分工，而且还有合作。只有当两半球的兴奋和抑制交替进行时，大脑的潜能才能得以充分利用与发挥。如果神经兴奋中心只停留在某一半球上，那么另一半球的功能就会逐渐消退，大脑的整体功能就会受到影响。脑科学的研究成果还告诉我们：情感能激起右脑的兴奋，认知能激起左脑的兴奋。情感教育可以改善两半球协调工作，实现开发人类潜能的目的。

（五）完善学生的品德

品德在个体的全面发展中占有重要的位置，它也是衡量个体全面发展的主要指标。学生品德的形成依赖于情感的作用，情感是道德信念、原则性以及精神力量的核心和血肉，没有情感、道德就会变成枯燥无味的空话，只能培养伪君子。可见，情感是道德认识转化为道德信念的重要条件，我们现实的教育中，往往过分重视道德观念的传授，而忽视了道德生活的情感体验，造成了道德认知与道德行为的脱节。

二十、情感教育的策略有哪些?

（一）转变教师观念

教师是情感教育的具体实施者，转变教师的观念是情感教育顺利实施的首要前提。教师应具备的情感教育的教育观包括以下内容：

1. 教学观：情感教育的教学观要求教师在教学过程中应知情并重，使学生在积极思维、掌握知识、发展智力的同时情感也得到了发展。

2. 学生观：情感教育的学生观认为教师必须面向全体，任何一个孩子只要给予恰当的时机，每个孩子都能愉快学习，个性都能得到充分和谐的发展。是不是好学生不能仅以学习成绩高低作为评价的惟一尺度，还应包括情感发展水平的高低。

3. 评价观：情感教育的评价观认为，评价的主要功能在于改善学生的学习状况与情感体验，而不在于选优汰劣。因为，在教育教学的过程中，采取激励性评价，多给学生学习成功的机会和体验是实施情感教育必不可少的条件。

（二）掌握情感教育的规律，实施情感教育

1. 注重情感教育的实施过程

（1）以情育人，创设情感教育的良好情境：学校要加强校园文化建设，同时教师要利用各科教学培养学生积极的情感。

（2）以情动人，扣开情感教育的大门：教师要将对学生的爱渗透到教书育人的过程中，要多与学生接触，关心他们的学习、生活及思想，既做经师又做人师，教师还应以饱满的情绪走上讲台，使学生以振奋的精神出现，产生教育上的共鸣。

2. 情知互促，提升情感教育的境界

情感认知存在着相互制约、相互促进的客观规律。一方面，认知越深刻，情感也越深厚；反之亦然。另一方面，情感对认知活动又具有推动、强化、调节等功能。教师掌握了这个规律，就能提高学生的认知水平，培养学生积极的情感。

3. 情意互促，巩固情感教育的效果

一方面，情感激励意志；另一方面意志调控情感，这是情感教育的又一规律。教师应根据这一规律，善于以情激励意志，当学生获得成功时，应及时鼓励、表扬，使学生由成功的喜悦上升到进一步的刻苦、勤奋与不断进取的坚强意志上来。在这一点上，教师要充分发挥意志的调控作用，提高情感的稳定性。

4. 进行情感的自我培养，提高情感教育质量

（三）设计情感教育的课程，对学生进行辅导与咨询

1. 通过显形课程结构，突出情感教育

由于情感教育的重心在于培养人的社会性情感，这三种情感的培养体现在课程上，就是要通过哲学、科学和艺术三类课程来实施。

2. 设计好隐性课程，拓宽情感教育培养途径

隐性课程是指学校范围内除正式课程之外的、按一定的目的性进行规划、设计或安排的，以不明确的、间接的、内隐的方式作为学生的各种因素的统称。

隐性课程包括两类：一类是课堂中的隐性课程，包括课堂物质文化（诸如座次排列、设备、光线、色彩、装饰、卫生状况等）和课堂文化氛围（诸如教师的教学方式、班风、师生关系、学生团体、教师人格、课堂气氛、奖惩方式等等）。另一类是课外的隐性课程，包括校园物质文化（比如学校的规模、设备、建筑、绿化、艺术作品、卫生状况等）和校园文化氛围（比如学校领导者的管理方式、文化活动、教师团体、学生团体、师生关系、校风、校训、校貌、校纪等）。

在隐性课程的体系结构中，校园物质文化是有形的、看得见的、相对静止的；而课堂校园文化氛围是无形的、看不见的，相对动态的。隐性课程结构就是有形与无形的、静态与动态的多种因素的有机结合。它以潜移默化的方式影响着学生的情感、意志与态度、价值观等。例如，学生置身于优美、整洁的校园物质环境中，就能获得一种赏心悦目的精神享受，能从审美情趣的熏陶中产生一种聚合力量，激发集体荣辱感。学校隐性课程对学生精神世界的建构，积极情感的培养，是显性课程所不能替代的。因此根据隐性课程构成要素，设计好隐性课程，有利于情感教育的实施落到实处，拓宽培养渠道。

3. 在心理活动课中设计情感能力课，实施情感教育。

在中小学开设的心理健康活动课中必然包括情感能力教育的内容。情

感能力包括自我意识能力、自我激励能力、情绪控制能力、人际交往能力与挫折承受能力。情感能力的培养就依据这五个方面进行设计。如自我意识能力的培养，可让学生认识自己的潜能，学会分析自我并塑造积极的自我意识，保持对自己充满信心的积极的自我意识心态；自我激励能力的培养，要让学生进行积极的心理暗示，树立自信心等；情绪控制能力的培养，要注意让学生能及时了解自己的情绪，培养积极的情绪，克服消极的情绪，同时要善于识别、体会他人的情绪，并去关心他人；人际交往能力的培养，让学生掌握与人交往的原则，如诚实守信，尊重他人，学会宽容，学会赞美等；挫折承受能力的培养要让学生正确认识挫折，要有积极承受挫折的心理调适。

（四）掌握情感教育实施的基本技巧

在教育教学的过程中，形成和谐的、民主的师生关系，是情感教育得以实施的不可缺少的因素。其中爱、理解、尊重和信赖学生是形成和谐、民主的师生关系的主要要素，也是情感教育实施的基本技巧。

（五）重视教师的情绪智力因素对学生的影响

在教学活动中，教师的情绪在一定程度上影响着教学活动的开展。因此教师要具有情绪的认知能力、调控能力和表达能力。也就是，教师本身应该懂得有关情绪的基本知识，能够较好地调节和控制自己在课堂中的情绪，能够敏锐地感觉到学生的情绪及情绪的变化和波动。教师在开展教学活动中，首先要以自身的愉悦情绪来引发学生的愉快情绪，为教学创设良好的情绪背景；另外，教师不能把焦虑、沮丧、痛苦、烦躁等消极的情绪带进课堂，造成学生心理紧张和压抑的课堂气氛。第三，教师在课堂教学的进行过程中，要仔细倾听自己的讲授，同时密切注意学生的反应，并根据自身和学生的反应，及时地调整教学策略，使教学内容、课堂情境、教学情绪相协调，使学生满足并感兴趣于整个教学活动的进程，从而提高教学效果。

二十一、什么是情绪智力？

1991 年，美国心理学家塞拉维和梅耶首次提出了情绪智力这一概念。它用来描述人们了解和控制自我情绪、揣摩与驾驭他人情绪的移情作用，并通过情绪控制来提高人类生活质量的能力。

美国学者戈尔曼将情绪智力这一理论推向全世界并引起了极大的反响。戈尔曼认为，情绪智力的内涵主要体现在以下五个方面：

（一）自我意识

它是情绪智力的基础，是指情绪的觉察能力，是一种情绪刚出现时就能识别出来的能力。通过训练，人们可以敏锐地识别自己的情绪。

（二）情绪控制

即能调控自我的情绪，使之适时适度，这种能力建立在自我觉知的基础上。人们在每天的生活中，情绪免不了会有好有坏，保持情绪的稳定和乐观很重要。经过训练，人们可以控制自己的情绪。

（三）自我激励

它是情绪智力的重要内容，它是为服从某一目标而调动、指挥情绪的能力，它是一个人集中注意力、自我把握、发挥创造性所必需的能力。研究表明，成功的人一个重要的共同的特征是他们都善于自我激励、自信、乐观，不畏艰险。

（四）觉察他人情绪情感

这是一种理解他人情绪情感特点的能力，依据他人情绪反应来处理问题的技能，即移情能力。移情即"感他人之所感"，并同时能"知他人之所感"，是既能分享他人情感，对他人的处境感同身受，又能客观理解、分析他人情感的能力。

（五）人际交往

研究表明，我们越是善于体察别人的交际信号背后的情绪，也就越能善于控制自己发出的信号，和谐地处理人际关系。美国心理学家研究证明，人际关系对人的成功起着事半功倍的作用。人际关系更多地反映出一个人的情感智力水平。

二十二、情绪智力的作用是什么？

（一）情感智力直接影响人的智力活动

这主要包括促进和破坏两方面的作用。一般来说，正性情绪对人的智力活动起协调、积极的作用，而负性情绪则起着破坏或阻断的作用。

（二）情感智力影响性格的形成和改变

在性格的结构中，情绪、情感是重要的成分之一，当人对情绪的控制具有某种稳定的、经常表现的特点时，这些特点就构成了一个人性格的情绪特征。人的性格是后天在多种因素的影响下形成的，其中情感智力对一个人的性格的形成发展和改变具有重要的意义和作用。如一个人之所以害羞和胆怯，可能是因父母要求过严，强迫孩子去形成他们所认为的那种理想的性格，而父母的标准很容易成为孩子的标准，使孩子失去了对自我内心深处情绪感受的认知、评价，久而久之，失去了情绪自觉这一基本的情感智力功能，一心只想达到父母理想中的标准，因而往往非常担心结果的好坏而害怕甚至恐惧，引起情绪紧张。这些孩子往往不能正确认识这类情绪，在人面前，由于害怕失败，从而引发了害羞。也有的人太追求完美，认为自身存在太多的缺陷，别人对自己瞧不起，于是害怕与人交往，让他人发现自己的弱点，久而久之，害羞、胆怯的性格便形成了。这主要是由于缺乏对他人情绪反应的正确估价。可见，情感智力影响一个人性格的形成。

（三）情绪智力影响人的心理健康水平

情感智力反映一个人控制和调节自己的情绪，承受外界的压力，把握自己心理平衡的能力。情感智力低，就会导致心理长期处于失衡状态，极易影响人的心理健康水平，甚至会导致心理压抑、冲动以及暴力倾向等。

（四）情绪智力有助于建立和发展人际交往能力和社会活动能力

（五）情绪智力是成功的决定因素之一

一个人的成功往往取决于其智力因素和非智力因素等，在非智力因素中，情绪智力是非常重要的因素。有研究表明，高智商而情绪智力低者不仅成功的可能性不大，而且可能会对他的发展造成危害，甚至导致犯罪。美国心理学家、多元智力理论的提出者加德纳说："芸芸众生，命运往往青睐的人就是生活中的强者——他们不是命中注定就有惊人的成就，而后天的努力是他们事业成功的归因，这当中情感智力是命运天平中关键的砝码，情感智力较高的人一般都能把握生活中的机遇，最终取得成功。"

二十三、人格结构包含哪些成分？

人格是构成一个人思想、情感及行为的独特模式，这个独特模式包含了一个人区别于他人的稳定而统一的心理品质。具体是指个体在行为上的内部倾向，它表现为个体适应环境时在智力、情绪、兴趣、态度、价值观、气质、性格和体质等方面的整合，是具有动力一致性和连续性的自我，是个体在社会化过程中形成个人特色的心身组织。人格具有整体性、稳定性、独特性、社会性的特点。

人格是一个复杂的结构系统，它包括如下成分：

（一）知—情—意系统

心理过程包括知情意三大方面——认知过程、情绪情感过程和意志过程。人们在知情意方面表现出来的心理差异，都属人格结构里的成分。

（二）心理状态系统

心理状态是指某一时刻或某段时间内相对稳定的心理活动背景，包括注意、情绪状态、疲劳状态等。

（三）人格动力系统

人格动力系统是决定并制约人的心理活动的进行、方向、强度和稳定水平的结构，包括需要、动机、兴趣、价值观和世界观等。

（四）心理特征系统

它包括能力、气质、性格三种成分。其中性格是人格的核心内容。

（五）自我调控系统

这是以自我意识为核心的人格调控系统，包括自我认识、自我体验、自我控制三个子系统。

以上五种人格系统之间并非完全独立，相互之间会有重合。这五种人格系统成分的独特结合，构成了每个人的独特人格。

二十四、什么是健全人格？其特点是什么？

健全的人格是人协调发展的重要指标，它是指各种良好人格特征在个体身上的集中体现。其特点主要有：

（一）内部心理和谐发展

即个体的需要和动机、兴趣和爱好、智慧和才能、人生观和价值观、理想和信念、性格和气质都向健康的方向发展。

（二）能够正确处理人际关系，发展友谊

即在人际交往中显示出自尊和他尊、理解和信任、同情和人道等优良品质。

（三）能把自己的智慧和能力有效地运用到能获得成功的工作和事业上，在学习和工作中勇于创造、善于创造，能够走向成功，能够体验到成功的愉悦并形成新的兴趣和动机。

二十五、塑造学生健全人格的意义是什么？

（一）健全人格有助于提高生活质量

健全人格能帮助人充分体验生活的乐趣，挖掘人的潜能，充实人的精神世界。面对挫折不轻言失败，碰到突发事件能沉着冷静，善于自控，努力营造一个有利于心理健康的环境，从真正意义上提高个体的生活质量乃至生命的质量。

（二）塑造健全人格是实施素质教育的重要组成部分和最终的落脚点

1. 我们的教育是要着眼于受教育者的全面和谐发展，在一定意义上，我们可以把学生在德、智、体、美、劳各个方面的发展看做是个人基本素质形成和完满发展在"量"的方面的"积累"，而把学生健全人格的塑造看做是个人基本素质形成和发展在"质"的方面的"飞跃"。因此，重视人格教育有利于体现素质教育的主旨，即面向全体受教育者，确保每个学生的健康发展。

2. 有利于落实教育中的人文关怀，使教育不再只是关注学生知识的获得、技能的掌握以及分数的高低，而且关注每个学生的完满和谐发展，保证每个学生不仅是知识才能的拥有者，而且是精神富有、心理健康、生活幸福的人。

3. 有利于推动国民素质的提高和国民人格的提升。提高中国人的素质是当今素质教育努力追求的目标，国家的进步、民族的振兴与国民的素质紧密相关，尤其是与国民的人格素质紧密相关。人格教育以塑造健全人格为己任，可以在提升国民现实人格、塑造理想人格的实践中，发挥出积极的作用。

二十六、学校如何开展人格教育？

人格教育是一种着眼于受教育者心理品质的教育，使受教育者形成一个健全的、日趋完善的人格，把知、情、意统一协调起来，建立一种完整和健全的心理结构。学校开展人格教育，可从以下方面入手：

（一）对学生的人格作出客观的测量与评价

可以利用已有的人格测量工具，对各个年龄阶段的学生的人格进行评估和预测，准确地了解学生的人格发展状况，是进行人格教育的前提条件。测评的目的不是对学生的人格划出等级，而是为每个学生的人格发展与完善设计出有针对性、有建设性的教育方案。目前，教育第一线的广大教师对科学的人格测评手段还比较生疏，因此，有必要在基层学校普及教育科学知识，提高教师运用教育理论解决实际问题的能力。

（二）确立科学合理的人格教育目标

人格教育的总目标是学生健全人格的塑造。具体来说，应包括认知目标、情感态度目标和动作技能目标。认知目标是让学生了解某些人格教育的知识，发展感知、记忆、思维与想象的认知能力等；情感态度目标是培养学生对人格教育活动的兴趣，帮助他们悦纳自己，养成乐观进取的生活态度等；动作技能目标上帮助学生养成良好的学习习惯，学习社会交往的礼仪与技巧，培养他们勤劳的习惯等。

（三）提高人格教育的针对性

人格教育要取得实效，必须考虑目标实现的可能性、内容设置的可接受性、方式方法的适当性等。这一切均取决于对学生人格发展的年龄特征的充分了解。针对不同年龄阶段的学生，人格教育的内容、形式、方法应有其独特性。

（四）协调教育与其他影响因素之间的关系

个体人格的形成是诸多因素共同作用的结果。教育在其中起着主导作用，应通过教育的努力，使各种因素协调配合，产生有利于健全人格塑造的合力，为人格教育创造有利的条件。

二十七、养成良好的性格特征应从哪几方面着手？

性格是在生活过程中形成的对现实的稳定态度以及与之相适应的习惯化的行为方式。它是人格的核心内容。优秀的性格品质可从以下几个方面加以养成：

（一）道德品质

它在性格结构中属于较高层次。

（二）自尊

自尊是人格健全者的标志之一。自尊心是性格中一种高尚的品质，自尊的人关心自我形象，积极向上，有追求目标。

（三）自信心

性格中有了自信，生活里就会充满快乐。

（四）认真负责

它是工作和学习必不可少的优良品格。

（五）自我控制

它是一个人良好性格的重要标志之一。一个人如果不善于自我控制，则意味着他不能有效地发动、支配自己或抑制自己的激情、控制自己的冲动，对未来的成长过程有害无益。

（六）挫折耐受力

挫折是不可避免的，关键在于如何提高自己的挫折耐受力。

（七）独立和创新

它是性格成熟的标志之一。

二十八、如何培养学生的自信？

自信是个体对自己的积极肯定和确认程度，是对自身能力、价值等作出客观、正向认知与评价的一种稳定性格特征。

自信的发展分为四个阶段：

（一）"我不行—你行"

认为自己不行，显然是不自信的。幼小儿童在面对成人世界时，很容易产生这种"我不行"的感觉。若遇上粗心的父母或监护人，这种"我不行"的自卑感就会逐渐加重。日常生活中，父母总会大声地对充满好奇的孩子叫喊："喂，不行，你不要乱动。"孩子由此逐渐产生了"我不行—你行"的自卑和依赖心理。

（二）"我不行—你也不行"

这是一种带有敌意的自卑感。在儿童开始断乳、独立行走时，父母对孩子照顾的方式和时间发生了变化，给孩子一种"你不行，你不再关心我了，你也不能管我了"的印象和影响，就容易产生这种"我不行—你也不行"的感觉和心态。此外，家庭生活中的父母说谎现象也会使儿童产生同样的感觉。

（三）"我行—你不行"

这种"我行"是以"你不行"为条件的，并非真正意义上的自信。孩子的这种心态，主要是父母或监护人的失职所造成的。例如，父母脾气暴躁，不讲道理，常使孩子感到委屈、不被理解，于是就逐渐形成了"我行—你不行"的机制。这种机制在孩子长大后仍会持续发生作用，导致其不再相信他人，认为只有自己是正确的。

（四）"我行—你也行"

只有"我行—你也行"，才是真正意义自信的表现和反映。这种"我行—你也行"包含着人类发展的希望，蕴涵着自信的形成。

自信对个体发展具有重要影响，它有助于心理健康，是成功人生的必要条件。教师在教育实践中应如何培养学生的自信心呢？

1. 注重培养自我认知与评价能力。积极客观的自我认知与评价是自信的基础与核心。

2. 引导正确归因，增加成功体验。一般说来，人们将失败归因于能力、运气、任务难度及努力程度四大因素。自信的人往往将失败归于自己努力不足或运气不佳而非任务难度及努力程度不够，因此经得起挫折和失败，愿意不断尝试，最终取得成功。此外，成功的经验有助于增强自信，所以应善于发现个体的优势与特长，不断增加其成功体验，逐步培养和稳固个体自信心。

3. 发挥榜样与期望的作用。当个体看到与自己水平差不多的人获得成功，就会增强自信。另外，教师和家长对个体期望高，也会增强其自信心。

二十九、如何培养学生的责任感？

责任感是指一个人对自己的言行认真负责的一种自觉意识。责任感包括对自己负责、对他人负责、对家庭负责、对集体负责、对国家负责、对人类负责。

教会学生对自己负责，把重心放在为实现远大的志向而自尊自爱，敢于用自我解剖的精神规范自己的思想言行上。

教会学生对家庭负责，着重落实在理解父母的用心、体会父母的苦心，不做对不起父母的蠢事和坏事上。

教会学生对他人负责的重点是尊重他人的人格和权利，不做损人利己的事，帮助别人解决困难。

教会学生对集体负责的重点是克服自己的困难，积极主动参加集体活动并主动承担任务，维护集体荣誉。

教会学生对人类负责的重点是确立环境保护意识、节约资源观念，让学生了解和宣传基本国策，并坚持从我做起，从小事做起，使广大学生普遍确立"爱护地球"、"爱护人类"的思想观念，增强保护生态平衡的责任感。

　　具体来说对学生进行责任感与学会负责教育，可从以下五个方面入手：

　　（一）从认识自我做起

　　要让学生认识到自己是学生、家庭一成员、社会一分子、中华人民共和国公民，21 世纪的主人，进而认识到自己肩负的重任。只有认识自我，才会懂得责任的意义。

　　1. 认识自我存在的价值；

　　2. 认识自强的意义；

　　3. 认识现在的我，使学生看到自己的优点和缺点、长处和短处、现状和潜力，下决心克服不足，完善自我。

　　（二）从对自己负责做起

　　对自己负责就是要提高自身的综合素质。主要有科学文化素质、思想品德素质、身体素质和能力，努力使学生成为既掌握现代科学文化知识与技能，具有高尚的思想品德和强健的体魄，又有良好的社会适应能力的高素质人才。

　　（三）从对小事负责做起

　　从小事做起，可以让学生从扫地、擦黑板、办园地等做起，并提出做好小事的标准和要求，事后还要检查，作出评判。如此训练培养，学生就会逐渐愿意做小事，学会做小事。做小事的过程就是责任感培养提高的过程。

　　（四）从自我评价做起

　　自我评价也是责任感形成的重要组成部分。如果只评不做，就不能总结经验教训，认识也难以提高。所以，学生做完一件事后，要组织他们回头望，检查总结，从责任感的高度分析成败、得失原因。

　　培养学生的责任评价能力，一方面要经常利用现实生活中关于责任感的正反两个方面的典型事例，提出简明正确的评论，以便为学生作出评价的示范。另一方面是要结合学生的实践，如值日、办报、当班委等具体案例，组织评价，使学生在评价活动中学会自我评价，提高自我评价的自觉性和能力。

　　（五）从自我教育做起

　　通过自我评价后找出差距，自觉地采取实际行动，加以改进，这就是自我教育。自我教育的过程，是责任感增强的过程。

自我教育包括以下几个主要环节：

1. 明确意识到自己对自我、家庭、集体和社会等应负的责任；

2. 制定自我教育计划；

3. 注意在日常学习、做事、生活中加强责任感的锻炼；

4. 应用各种手段，如自我剖析、自我评价、自我誓约、自我禁止和监督，激发自我教育的意识。

三十、简介皮亚杰的儿童心理学理论

皮亚杰是国际著名的儿童心理学家。他认为儿童心理或行为是儿童的心理或行为图式在环境影响下不断通过同化、顺应，而达到平衡的过程，从而使儿童心理不断由低级向高级发展。

图式：主体已有的结构，即儿童在脑中已有的结构。

同化：把客体纳入到主体的图式中。即当外部刺激作用于主体时，外部刺激或现实的材料就被处理和改变，并结合到主体的结构中去，这种对外部刺激输入的过滤或改变叫做同化。

顺应：内部图式的改变以适应现实。有机体的图式不能同化客体，必须建立新的图式，或者调整原有的图式，引起质的变化，使有机体适应环境。

平衡：同化和顺应两种作用之间的平衡。例如，儿童认识新事物往往是张冠李戴，指鹿为马。小孩上公园玩，见到鹿却说马，因为他以前没有见到鹿，只知马，把新东西带入到原来的图式。大人告诉他，这是鹿，有角。儿童根据鹿的形态特征形成新的图式——鹿。这是通过顺应作用实现的。所以儿童认识事物光同化不行，要调整原有的图式，建立新的图式；顺应了才能平衡，这样以后再看见鹿，就不能指鹿为马，同化和顺应必须保持平衡。

皮亚杰把儿童心理发展分为四个阶段，即感知运动阶段（出生～1岁半、2岁），主要用感知、动作与外界发生关系，智力活动还处在感知运动阶段。前运算阶段（2～7岁），在这一阶段，表象和语言同时起作用来描述外部世界，表现在延迟模仿和象征性游戏。延迟模仿即客观事物不在眼前，孩子进行的模仿，是模仿自己想起来的过去的事情；象征性游戏是儿童用符号去活动，用符号代替实际，再现实际活动。具体运算阶段（7~11、12 岁）。这个阶段可以根据具体事物进行逻辑分类或认识事物之间的一些逻辑关系。表现为已形成守恒概念（所谓守恒指儿童认识到客体在外形上发生了变化，但其特有的属性不变）。形式运算阶段（12 岁以上），表现为能脱离具体事物进行概括，并已接近成人的思维水平。

三十一、简介蒙台梭利的儿童心理学思想

蒙台梭利是意大利著名的儿童教育家。她对世界各国的幼儿教育有较大的影响。

（一）儿童观

她认为儿童必须依赖与周围的事或人的交流才可能了解自己，了解环境的界限，才有可能发展出完整的个性；儿童也需要自由。只有这样其个性的发展才不会受到阻碍。

她十分重视儿童的主动性，认为儿童的发展不能单凭成人和外界环境去填补和塑造，而应是"儿童利用他周围的一切塑造了自己"。

她认为儿童具有发展的敏感期，如感觉的敏感期是在 2 岁至 2.5 岁表现最明显，因此这个阶段应加强感觉训练；秩序的敏感期是在 1 岁至 1.5 岁，持续到 4 岁左右。秩序不仅指把物品放在适当的位置上，还包括理解事物的关系和遵守生活的规律等；语言的敏感期是从出生 8 个星期左右至 8 岁，这个时期的儿童有一种天赋的吸收语言的能力；动作的敏感期是从出生至 6 岁，依此，她研制各种教具、用具，促进儿童肌肉发展，使其动作更加协调。

（二）教育观

1. 她认为新的学校教育要提供"有准备的"环境，即要有自由观念、有秩序、真实与自然、有美感与气氛，有蒙台梭利教材、有群体生活的发展。

她为儿童精心设计了良好的物质环境，其中包括适合儿童的教具和材料等，使儿童能在适宜的环境里从事愉快的活动，通过有趣的"工作"来

塑造自己的精神，这是她对幼儿教育的重大贡献。

2. 提出成长的自然原则

① "工作"原则：她发现开放自由空间中的小孩子，可以通过"工作"建立自我。在全神投入自己选择的工作之后，他们表现出欢愉、平和与宁静。她认为，经由全神贯注投入活动，幼儿某些重要需求就能得到满足，儿童这种所能达到心智上的和谐与平衡的新状况，其实就是儿童应有的正常情况。她将这种精神整合的程序称为"儿童的正常化"。

②独立原则：她认为儿童的本性对自己机能上的独立有直接且热切的要求，随着年龄的增长，这种动机会越来越强烈。一旦这种功能被剥夺，儿童的意志和注意力将受到阻碍。

③注意力：她认为在成长过程的阶段里，孩子会将以前所未有的注意力集中在周围环境中的特定事物。"问题在于如何激起对孩子有重大影响的注意力。"儿童以集中的注意力来发展并巩固自己的个性。

④智力发展：她认为智力发展的开端在于意识到环境中的差异。儿童透过自己的感知来获得这些差异，将这些差异在头脑中重新组合。

⑤想象力与创造力：这是儿童在环境交往中形成的心智能力，而后发展出的天赋本能。

⑥情绪与精神生活：他认为儿童可以去接受别人，了解别人的反立。

⑦成长阶段：儿童是处在不断成长和发展变化状态之中，从出生至18岁分为三个大的阶段，每个阶段都有不同于其他阶段的质的特点，她依此制定出有效的教育原则和方法。

三十二、简介艾里克森的社会性发展理论及其教育含义

艾里克森是美国著名的精神分析医生，是美国现代最有成就的精神分析理论家之一。

他把人的个性分为八个阶段。我们介绍儿童18岁以前的发展阶段。

第一阶段，信任感对怀疑感（0~2岁）：这个时期的发展任务是获得信任感和克服不信任感，体验着希望的实现。乳、婴儿从生理需要的满足中，从与母亲、看护人的交往中，体验到身体的康宁，感到了安全，于是

对周围环境产生了一种信任感；反之，如果父母的信心不足，或育儿方式有缺陷，乳、婴儿便对周围环境产生怀疑，甚至会变得孤僻和冷漠。他认为第一阶段非常重要，获得信任感是以后各阶段，特别是青春期同一性的发展基础。

第二阶段，自主感对羞怯或疑虑（2～4岁）：这个时期的发展任务是获得自主感，克服羞怯和疑虑，体验着意志的实现。这时儿童想做一些事情，如果父母和看管他的人承认并允许他们去干力所能及的事，儿童就觉得自己有一种自控的能力或影响环境的能力，就会出现一种自主感；反之，如果大人不耐烦或过分溺爱而干预了孩子能干的事，或在儿童出现意外的事情时，采取粗暴的态度，孩子就会产生一种羞耻感，对自己的能力有所怀疑。

第三阶段，主动感对内疚感（4～7岁）：这个时期的各种任务是获得主动感，克服内疚感，体验着目的的实现。这时儿童能进行各种活动，言语和思维能力得以发展，独立性开始形成，他们可以把自己的活动扩展到超出家庭的范围，也不限于单纯模仿，并且在缺乏父母直接控制的情况下，能用"良心"的内心声音代替父母的声音，去支持和引导自己的行为，他们有更多的自由，能从言语和行动上来探索和扩充他的环境，用幼稚的好奇心探求未知事物，于是就产生了主动感。如果儿童有更多机会向外扩展以达到目的，而且父母给予支持，对儿童主动提出的问题耐心解答，不嘲笑，不禁止，那么儿童的主动性就会得到加强；否则就会出现内疚。游戏活动对主动感的形成起着重要的作用。另外，游戏在这个阶段起着重要作用，可用来补偿儿童失败、痛苦和挫折的体验。

第四阶段，勤奋感对自卑感（7～12岁）：这个时期的发展任务是获得勤奋感和克服自卑感，体验着能力的实现，这时儿童进入小学，他们认为在众多伙伴中，应占有一席之地，于是，努力改善自我，勤奋学习以求学业上取得成就。如果儿童在学习等活动中不断取得成就并受到成人的奖励，儿童将以成功、嘉奖为荣，培养乐观、进取和勤奋的人格；反之，如果由于教学不当或努力不够而多次遭受挫折，或其成就受到漠视，儿童就会形成自卑感。这个时期教师在培养儿童的勤奋感方面具有特殊作用。敏感、耐心，富于指导的教师有可能使具有自卑感的学生重新获得勤奋感。艾里克森指出，许多人对工作和学习的态度习惯可以追溯到本阶段的勤奋感。

第五阶段，同一感对混乱感（12~18岁）：这个时期的发展任务是建立自我同一性，防止同一混乱感，体验着忠诚的实现。儿童进入青春期，除产生家庭、爱情的新觉醒，还发展了对周围世界新的观察和思考的方法，而且有了新发现的综合能力，就能把自己的各种印象综合成一个有意义的整体，从而把过去几个阶段形成的种种自我形象加以整合，形成新的自我。认识自己是谁，在社会上应占什么地位，将来成为什么样的人和怎样成为理想的人，就能对自己的过去、现在、将来产生一种内在和连续之感，也能认识自己和别人的同异，认识现在和未来在社会中的关联，这就得到了自我同一性。自我同一性可帮助青年来认识自己及自己与前后各种事物的关联，不然就会产生同一性的混乱。青年在探求实现自我同一性中，往往会出现两种问题：一是同一性拒斥，即过早停止对同一性的探求，千方百计地延缓承担义务，偏向尊重权威。二是同一性混乱，即缺乏自信，不知道自己应该是一个什么样的人和成为什么样的人，无法发展自己。艾里克森对此阶段十分重视，认为它可以补偿前阶段的不足，对以后个性的发展有重大影响。

艾里克森的发展理论指明了每个阶段发展的任务，有利于教师理解不同发展阶段的儿童所面临的冲突类型，从而采取相应的措施，因势利导，对症下药。如幼儿园及学前期儿童面临着自主性与内疚感危机，教师应给予有效而充分的自我探索与尝试的机会以发展其自主的人格；对学龄初期儿童，则应鼓励其想象与创造，对儿童的建议表示赞赏，并耐心解答其问题，以发展其主动的人格。教师应给进入学校的儿童创设一种良好的课堂气氛，使儿童理解失败也是学校学习过程中必然存在的现象，教育学生学会理解与帮助他人。为了培养小学生的勤奋感，教师应保证每个学生都有机会在其帮助下确立实际的目标并为之努力，要给予学生显示独立性和责任感的机会，同时对那些丧失信心的学生提供适当的支持。初中与高中阶段正是青少年开始发展自我同一性的时期，教师要理解学生需要大量的机会来体验各种职业选择和社会角色，同时提供机会让学生了解社会、了解自我，通过讨论的形式使他们解决自身所面临的问题。在这当中，教师要始终给学生有关其自身状况的真实的反馈信息，以便学生能正确地认识自己，确定合理的、适当的自我同一性。

197

三十三、简介班杜拉的社会学习理论

班杜拉是美国著名的社会学习理论家。他认为，人的个性是在观察学习过程中形成的。观察学习是指人通过观看他人而习得复杂行为的过程。人的个性就是观察模仿榜样而形成的，例如，班杜拉让两组儿童分别观看成人玩金属玩具和塑料娃娃，一组为成人先装配约一分钟的金属玩具，然后把注意力转到娃娃身上，用拳头打它，坐在它上面用木棒敲它，同时还叫喊"打倒它"。另一组为成人安静地摆弄金属玩具和娃娃，然后把两组儿童放在同样情境中，让每个儿童玩金属玩具和娃娃，结果他们都倾向于模仿成人的动作，第一组儿童拳打脚踢，说些侵犯性的话；第二组儿童却很少有攻击性行为，所以班杜拉十分强调这种"替代过程"，即观察和模仿他人榜样的过程。

观察学习过程就是观察者观察榜样的示范进行的，他认为示范形式有以下几种：

（一）行为示范

通过榜样的活动传递行为的方式，例如父母、教师的行为举止对儿童的影响。

（二）言语示范

通过各种言语指导或指令以传递榜样行为的方式，例如教师讲述如何养成良好的行为习惯。

（三）象征示范

通过电视、电影、舞蹈、戏剧、绘画等象征性的中介物呈示榜样的方式。

（四）抽象示范

通过榜样的行为事例，以传递潜伏在行为事例背后的道理或规范的方式。例如，教师和儿童做一种游戏，让儿童观察，从中总结出一种行为规范，然后在类似的情境中，儿童按照这种规范去做。

（五）参照示范

通过附加呈现参照事物和活动，以传递抽象概念和操作的方式。例如，幼儿还不能很好地理解道德概念，那么我们在讲解勇敢时，就举小赖宁舍身扑火的事例，以强化幼儿对勇敢的理解。

（六）参与性示范

通过观察示范和仿照参与活动以提高学习效果的示范方式，即观察—模仿—再观察—再模仿，直至完成模仿任务。

（七）创造性示范

通过观察各种榜样示范，学习者产生一种新的欣慰模式。例如，在同一个学校长大的儿童，却有不同的个性特征，这主要是因为每个儿童在众多教师榜样示范作用下，通过大脑的整合作用，重新构造出一个新的动力定型所致。

三十四、如何培养学生的学习动机？

学习动机是直接推动学生进行学习活动的一种内在心理因素或内在动力。培养学生的学习动机可以采取以下措施：

（一）满足缺失性动机

如果学生在生理、安全、归属、爱及自尊等各方面的需要得不到满足，就难以培养以求知需要为基础的学习动机。因此，先满足学生的缺失性动机是必要的。

（二）了解学习的性质

教学活动是以学生为主体的。只有让学生了解学习活动的性质，他才会按教师设定的教学目标去学习。因此，在每一单元教学之初，教师必须让学生了解以下几个方面的问题：

1. 要他学的是什么，是知识还是技能；

2. 用什么方法去学习；

3. 怎样考试。

学生了解了这些问题之后，由于对自己的学习有了目标与方向，就会比较乐于学习。

（三）及时反馈

让学生及时了解自己学习的结果，会产生相当大的激励作用。因为通过反馈，学生可以知道自己的进度、成绩以及在实践中应用知识的成效等，同时，还可以及时看到自己的缺点和错误，及时纠正并进一步激起学习的动机。

（四）获得成功的体验

学习动机在性质上是追求成功的内在动力。假如追求成功的努力屡遭失败，学习动机就很难维持。因此，必须考虑学生的个别差异，使每个学生都能获得成功的体验。

（五）在教学活动中培养

学生对某一学科的热爱，都是先经过学会而后才喜欢的，这说明学习的动机只能在教学活动中培养。

三十五、幼儿的心理发展特点有哪些?

幼儿期分为婴儿期、先学前期和学前期。其中婴儿期是指出生后的第一年，先学前期是指 1~3 岁，学前期是指 3~6、7 岁。

（一）婴儿期

是儿童生长发育最迅速的时期，也是心理发展最迅速的时期。这个时期儿童的进步是非常明显的。其中出生后的一个月为新生儿时期，新生儿已经具有不可低估的心理能力：他们不仅能看、能听、能记忆，还能区别不同的感觉信息，他们不仅能接受许多信息，还能主动发放信息，用自己的行为方式来反映周围事物，表达自己的状态。基于对新生儿能力的这种认识，我们需要考虑对他们的教养问题。应该从 0 岁开始教育，首先是保证他有一个安全、舒适的环境，使其生理上得到健康发展。同时，应为他创设一个心理发展的好环境，给予适量和合宜的教育训练。总之，新生儿具有很大的潜力，通过适当的教育训练，这些潜力可以提早发掘。

1. 婴儿的生理发展

出生第一年，儿童身体发育非常快，其身高、体重增加迅速，骨骼肌肉系统发育得也很快，脑的发育比身体其他部位更快，脑重增加，皮质兴奋机能增强，表现为睡眠时间减少，并且在条件反射建立的方式中，模仿是其一种很重要的学习方式。

2. 婴儿的动作发展

婴儿的动作遵循一定的规律，即从整体动作到分化动作、从上部动作到下部动作、从大肌肉动作到小肌肉动作、从无意动作到有意动作，手的动作逐渐灵活，成为认识活动的器官。

3. 婴儿的心理发展

在婴儿的心理发展中，母亲起着举足轻重的作用，母亲是婴儿心理发展需要的直接满足者，母子之间的交往，是婴儿心理发展的首要条件。

婴儿具有巨大的心理发展潜力，这种潜力在与成人的交往中逐渐被引发出来。在这一时期，婴儿开始学习人类特有的交际工具——语言，婴儿期是言语发展的准备时期。

总之，婴儿期是心理初步发展的时期，因而也是为以后的发展做准备、打基础的时期。

成人要善于辨别婴儿发出的各种"信号"，及时满足他们的需要，多和孩子交往，鼓励和训练婴儿的动作，培养婴儿良好的行为习惯。

（二）先学前期

这一年龄阶段是儿童心理发展过程中的第一个转折期，又有人称作"第一个反抗期"或"第一个危机期"。

1. 先学前期儿童的生理发展

这个时期身体的发育是十分迅速的，骨骼还在继续骨化，具有弹性大、易弯曲的特点。

2. 先学前期儿童活动的发展

第二信号系统活动在这个时期真正形成和发展起来。与婴儿期相比，最明显的特点是动作增多、熟练和复杂化，手的精细动作也发展起来，爱做事，初步学会使用工具和做游戏，在直立行走和手摆弄物体的动作发展的基础上，活动开始形成。先学前儿童的活动中，包括基本的生活活动和模仿性游戏，主要是实物活动，它对先学前期儿童的发展有着积极的促进作用。

3. 先学前期儿童的心理发展

先学前期儿童的言语真正形成，思维能力出现，自我意识萌芽，"闹独立"和"爱做事"可以说是先学前儿童心理特点的最突出表现，也是最使家长头痛的事，从教育的观点看，又是最值得家长认真对待的问题。

（三）学前期

1. 学前期儿童的生理发展

这一时期，幼儿身高体重的增长速度较 3 岁之前有些降低，但与以后各个时期相比仍然很快，幼儿的大肌肉已比较发达，小肌肉 5～7 岁开始发展，脑重增加，相当于成人脑重的 90%，脑的发育很快，而且相当成熟。

2. 学前期儿童活动的发展

幼儿的活动有三种基本形式——游戏、早期的学习和劳动。其中游戏是幼儿最主要的活动形式。

3. 学前期儿童的心理发展

学前期儿童的心理发展具有三个最基本的特点：认识活动的具体形象性、心理活动及行为的无意性。开始形成最初的个性倾向，虽然以后容易改变，但已成为一生个性的基础或雏形。

（1）幼儿初期（幼儿园小班阶段）的心理特点

小班幼儿一个突出心理特点是行为具有强烈的情绪性，另外他们爱模仿，思维仍带有直觉行动性。

（2）幼儿中期（幼儿园中班阶段）的心理特点

中班儿童已经适应了幼儿园的生活，加上身心各方面的发展，显得非常活泼好动，与小班相比，中班儿童比较突出的特点是：爱玩、会玩，思维具体形象。

（3）幼儿晚期（幼儿园大班阶段）的心理特点

幼儿晚期，儿童的心理特点开始接近小学生。好学、好问，抽象概括能力开始发展，个性初具雏形。

三十六、小学生的生理和心理发展特点有哪些？

（一）生理发育的特点

小学阶段学生的生理发育比较平稳。这一时期学生生理发育的具体特点是：

1. 身高、体重稳步增长；

2. 骨骼进一步发育，但很不坚固；

3. 肌肉力量增强，但缺乏耐力；

4. 新陈代谢加快，但容易产生心脏疲劳；

5. 大脑发育渐趋成熟，但不易过分兴奋和抑制。

（二）心理发展的具体表现

1. 认知能力（感知、注意、记忆、思维、想象和言语）获得迅速发展，思维从以具体形象思维为主向以抽象思维为主过渡。如小学生的有意注意有了很大的发展，并逐渐在学习中占主导地位，注意集中的时间不断延长，但小学生的注意稳定性比较差，容易产生注意分散。

小学生的思维逐步从具体形象思维为主要形式过渡到以抽象逻辑思维为主要形式，元思维（即儿童意识到自己的思维过程）从不自觉向自觉发展，思维的灵活性、批判性、创造性都有所提高。

2. 情感的内容日益丰富和深刻，情感表达形式逐渐内化。他们的道德感、理智感、美感有了一定发展，集体主义、爱国主义、责任感、义务感和友谊感等社会情感也逐步形成。小学低年级学生的情感表达方式是外露的，他们不善于掩饰自己的情感，到了小学高年级，其情感表达方式逐渐内化，情感的稳定性和控制力也逐渐增强。

3. 意志品质不断增强。他们能逐步建立长远的行动目标，自制力和独立性有所增强。不过他们的果断性和坚持性还比较差。

4. 自我意识水平提高，个性品质逐渐形成。表现在他们自我意识的内容不断丰富，不仅能意识到自己的身体特征和生理状况，而且能意识并体验到自己内心的心理活动；自我评价的独立性和批判性获得较大发展；其学习兴趣逐渐分化、稳定，个人志向从直觉的、幻想的、易变的逐渐分化、稳定且趋于理性。儿童的智力和特殊能力在课堂教学和课外活动的训练和影响下，得到了多样化的发展。儿童的勤奋、勇敢、守纪、忠诚等良好的个性品质正逐渐形成。

5. 社会认知能力发展，集体意识和友谊不断加深。社会认知能力的发展表现在他们的自我中心成分逐渐减少，对他人的认识也逐步趋于客观；这一时期是儿童同伴团体开始形成的时期，心理学上又称为"帮团时期"。同时在这一时期他们产生了强烈的集体意识，同伴间的友谊也不断加深。

（三）小学生心理发展的特点

1. 心理发展很迅速；

2. 心理是协调的；

3. 心理是开放的；

4. 心理是可塑的。

三十七、中学生生理和心理发展特点有哪些?

（一）生理发展的特点

中学生的生理正处于青春发育期，这一时期学生的身体和生理机能都发生了急剧的变化，并逐渐趋于成熟。其生理发展具体表现为：

1. 身体外形剧变：突出特征是出现第二性征（指性发育的外部特征）。

2. 体内机能的健全：表现为体内的各器官、系统的机能迅速增强，并逐渐趋于成熟。

3. 性器官和性机能的成熟。

（二）心理发展的具体表现

1. 认知能力进一步发展，逻辑思维高度发展。其感知能力有了显著的发展，能抓住事物的主要特征和本质特征；注意力也进一步提高；这一时期是一个人记忆力发展的黄金时期，记忆量迅速增加，有意记忆在记忆的发展中居支配地位。意义识记能力不断提高；思维以抽象逻辑思维为主。初中二年级之前，学生抽象逻辑思维处于一种经验型的抽象逻辑水平，即思维运动仍需要具体形象的经验材料的支持。从初中二年级起，学生的抽象逻辑思维从"经验型"向"理论型"转化，思维逐步摆脱经验的限制，根据理论来进行逻辑推理。到了高中二年级这一转化过程基本完成，它标志着中学生的思维已达到成人水平。

2. 情感生活丰富而热烈。表现为一是情绪高亢而强烈，充满激情和热情，活泼向上，富有朝气；二是情感的两极性明显，好像从一个极端走向另一个极端；三是情感的社会性越来越强烈，道德感、理智感、美感的内容和水平日益丰富和提高；四是情感的自我调节和表现形式进一步发展，其情感表达越来越带有文饰、内隐和曲折的特点；五是学生的友谊感迅速增强，并且出现两性爱情的萌芽。

3. 意志品质进一步增强。其主动性、独立性和坚持性都比小学生有明显提高，自制力也较强。许多学生都特别崇拜意志坚强的人，力图培养自己良好的意志品质。但他们意志的发展还不够，遇到困难和挫折的时候往往表现得没有毅力，半途而废。

4. 自我意识高度发展，人生观、世界观初步形成。表现为：第一，中学生产生了强烈的成人感，希望得到成人的理解与尊重，希望获得独立；第二，自尊心高度发展，十分渴望获得他人的肯定，对外界的评价特别敏感；第三，自我意识分化，出现了"理想自我"与"现实自我"的区分，他们开始关心自己的容貌、个性特点，并且常常为现实中的自我与理想中的自我的差距而感到焦虑和烦恼；第四，自我评价能力不断增长，对自己的评价逐渐从主观模糊的评价发展到客观正确的评价。

在初中时期，学生的人生观和价值观已有了萌芽；到了高中阶段，随着高中生认识能力的增长和社会生活的影响，他们逐渐形成了一定的人生观和价值观，但高中时期形成的人生观和价值观还很不稳定。

5. 社会交往不断扩大，同伴间友谊进一步加深。随着中学生自我意识的发展和成人感的出现，他们与周围人的关系发生了重要的变化。首先他们与成人的关系出现了转型，即由小学时期儿童—成人关系转变为成人—成人的关系。其次，中学生逐渐淡化了小学生的团伙倾向，交友的范围日益扩大，交友质量不断提高。第三，异性交往有了新特点，他们对异性产生了兴趣，对爱情有了朦胧的向往。

（三）中学时期学生的心理发展特点

1. 动荡性。中学时期学生的心理发展处于动荡、不平衡的状态。片面，易偏激，自尊心强烈，对他人的评价十分敏感。情绪强烈，具有两极性，容易波动。

2. 闭锁性。闭锁性是指人的心理活动具有某种含蓄、内隐而不外露的特征。中学生的闭锁性主要表现在：第一，他们与父母亲的对话逐渐减少，对象逐渐转向同龄群体。第二，他们的社会坦诚值下降，在这个阶段，中学生与成人的交往逐渐变得有所保留，即使对自己的父母，也不会像以前那样毫无保留地敞开心扉，虽然对成人的问题进行回答，但其真实性却在下降，而且这个时期他们的普遍行为是写日记，并上锁，日记的内容主要是自我对生活的"感悟"以及对自我的认识与反省。

3. 社会性。主要表现为：是在认识方面从只关心、观察思考自己和周围生活中那些具体事物，而开始以极大的兴趣去观察、思考和判断社会生活中的种种现象；二是其社会性情感越来越丰富；三是在活动方面，已开始从家庭和班级中解放出来，转而对社会活动感兴趣。

4. 过渡性。中学生正处于少年期和青春期，这是一个人从幼稚的儿童期向成熟的青年期过渡的时期。在这个时期，学生的心理处于半幼稚、半成熟的状态。一方面，学生认为自己是成人了，渴望被尊重、被理解，渴望独立、成熟；另一方面，其心理仍然有很强的依赖性、幼稚性。

三十八、什么是特殊儿童？如何教育特殊儿童？

特殊儿童有广狭两义。广义的特殊儿童是指一切偏离常态的儿童，既包括智力超常和才能非凡的儿童，也包括各种身心障碍的儿童。美国特殊教育家柯克就持此种看法。他认为，特殊儿童主要是在智力、感觉能力、神经活动或身体特征、社会行为、交往能力和多种缺陷等六个方面偏离常态。偏离常态的程度是指对他们需要采取不同于普通学生的特殊教育措施或提供特殊的教育服务，才有可能最大限度地促进其身心发展。

狭义的特殊儿童仅指盲、聋、弱智、言语障碍和肢体残疾等身心有缺陷的残疾儿童。我国台湾的心理学家郭为藩就认为特殊儿童是指因某些生理的、心理的或社会的障碍，使其无法从普通教育环境中获得良好的适应与学习效果，而需借助教育上的特殊扶助来充分发展其潜能的儿童。

就适应个别差异的教育而言，特殊儿童主要是广义的。

特殊儿童分为超常儿童、弱智儿童、学习困难学生、盲聋哑儿童。

特殊教育是指为满足特殊儿童的特殊学习需要而设计的教育。特殊教育与普通教育的主要区别在于更加注重儿童个体间和个体内的差异。个体间的差异是能力分班或特殊分班的主要依据，个体内的差异是为特殊儿童提供个别化教学的主要依据。特殊教育的各种设施，应以适应个别化教学为原则。因此，特殊教育必须注意内容、技能和环境的变革。

（一）内容

特殊教育的内容必须满足各类特殊儿童的特殊需要。

（二）技能

特殊教育应让学生掌握一些特殊技能，这些技能对普通儿童来说很可能不要特别的教学就能掌握。

（三）环境

目前，特殊教育的环境比内容和技能受到更多的关注。

1. 随班就读：就是把特殊儿童安置在普通学校中的普通班中，和普通儿童一起学习。

2. 特殊班：就是将教育需求相近的特殊儿童集中在一个班级内接受教育。

3. 特殊学校：就是把特殊儿童与正常儿童隔离开来进行教育的一种安置形式。

三十九、如何识别和培养超常儿童？

超常儿童是指智力发展显著地超过同年龄儿童平均水平的儿童，智商在 130 至 140 以上。

（一）超常儿童特征

1. 他们的家庭环境好，身心发展较快，开始走路和说话的时间早，好奇、好问，具有强烈的求知欲和广泛的兴趣，是个好学不倦的人，有强烈的追求成功的动机，有克服困难的勇气和能力，有远大理想、志向水平高。

2. 他们的观察力强，往往相当敏锐、全面、细致、准确，注意力集中、稳定和善于分配，思维敏捷，能非常机敏地回答问题，善于进行抽象推理和领悟事物间的复杂关系，能创造性地解决问题，在别人谈话时爱插嘴，急于把发现的东西告诉别人，甚至兴奋地叫出声来。

3. 他们的学习效率高，记忆力强，往往只需要一般儿童一半的时间就能完成通常的作业，靠突击复习，不费多大力气就能得高分，数学成绩突出，在科学、艺术和文学方面受过奖励，他们有生动丰富的语言，喜欢讲富有想象力的故事。

4. 对日常太容易的作业，他们不感兴趣，常闲得无事可做，甚至会出现纪律问题，通过破坏行为、恶作剧来表达自己的不满、失意，常常善挑出教师讲课的漏洞，爱批评、争辩，甚至达到失礼的程度，渴望胜过别人，甚至不择手段去作弊。

5. 他们一般是表情、情绪稳定的人，喜欢交朋友，在同伴中一般受欢迎，能控制住局面或左右同龄人，有社会适应能力和领导才能，常充当小领袖。有信心、毅力，能控制住自己，一个人也能刻苦学习，甚至有忘记时间的倾向。

6. 也有的超常儿童成绩并不理想，思想品德也有不足之处，还有一些令人讨厌的地方，遇到挫折后，就感到厌烦，不再继续努力，缺乏坚持性，养成懒惰、粗心大意的不良习惯，这就难以成才。

（二）超常儿童的培养

培养超常儿童一要适当，二要全面，鼓励他们努力探索新知识，适当丰富、充实课程内容，扩充学习领域的深度和广度，但不可负担过重；允许他们提前入学和跳级，提供个别化特殊教材，创造非权威性的教学环境，注意培养他们健全的人格，出现问题要耐心讲道理，指导、引导、诱导他们。

四十、如何转化学业不良学生？

学业不良学生是指智力属正常范围，但由于各自不同的原因，不能适应普通学校教育条件下的学习生活，最终导致"学业不振"或"学力不良"者。

学业不良学生的成因有以下因素：

（一）学校教育问题是学业不良学生产生的主导因素。

首先教师因素是最重要、最根本的原因。

1. 教师素质差、教学水平低，学生的智力潜能得不到充分的开发，造成或加剧了学业不良学生的认知缺陷；

2. 教师缺乏对学业不良学生的转化方法和转化信心；

3. 极少数教师不能对学生一视同仁、公平、公正对待，教育教学专制，缺乏民主，未能建立起和谐的师生关系等也是诱发学生学习困难的重要因素。

其次，学生素质评价体系不科学，漠视学生的优点和特长，学生课业负担过重，也是学业不良学生的产生和得不到充分转化的重要原因。

（二）. 学生自身因素是造成学业不良的关键性原因。

首先，学生的错误归因造成的低自我效能感是学习困难的最直接原因。学业不良学生往往把自己学习失败的原因归结为个人能力欠缺和学习任务过重，学业不良学生的错误归因与他们的学习动机相关，学业不良学生在学校的学习目的，是为了应付家长和老师，避免受到惩罚，这种错误的归因和学习动机造成了学生自信心的丧失，产生了低水平的自我效能感。

其次，学生知识基础薄弱，认知策略欠缺，是诱发学习困难的直接因素之一。表现为持续学习的直接知识基础差、知识结构不合理、不会学习、不能掌握与调节学习策略。

第三，家庭因素也是造成学业不良的重要因素。主要表现在家庭突发事件，使学生一个时期内学业荒废，造成学习困难。

第四，社区环境对学业不良学生的影响。主要反映在不健康文化、不良社会风气的影响上。

总之，学业不良学生的形成具有复合原因，而教师教育教学因素是具有决定性的因素。教师问题诱发学生的非认知（智力）缺陷，加剧了学生的错误归因，使其在低水平的自我意识中徘徊；后继教育影响在学生的非认知缺陷的中介作用下丧失了应有的实效，不断积累导致学生一系列认知问题；学生更严重的认知问题再导致教师更不良的态度和评价，甚至失去转化信心，放弃教育，因而加剧了学生的非认知缺陷。如此恶性循环，是学业不良学生形成的较为本质的原因。

转化学业不良学生主要的措施和方法有：

（一）前提是转变教师教育观念，规范教师教育行为，创造良好的教育环境和氛围。

1. 教师要认识到学业不良学生转化是素质教育的主要内容之一，是实施素质教育，提高公民文化素质的关键。

2. 教师要认识到学业不良学生是普遍存在的教育现象，是提高基础教育不可回避的难题。

3. 教师要树立"学业不良学生是可教育和可转化"的观念，坚定学业不良学生转化的信心和决心。

4. 教师要牢固树立"没有爱就没有教育"的观念。

5. 教师要严禁体罚和变相体罚学生，严禁歧视学业不良学生，在学校内要杜绝使用"差生"的称谓。

（二）关键是采取有效措施，激发学业不良学生的学习动机。

1. 引导学业不良学生正确认识自己、评价自己。学业不良学生往往认为，即使努力学习也难以取得良好的学业成绩，因而形成了较低水平的自我效能感，容易降低学习目标，放弃坚持不懈的学习努力。因此，教师要增强其行为效能感，帮助他们找出学习困难的真正原因。

2. 激发学业不良学生的好奇心，引发求知欲。教师在课堂教学中，要注意为学业不良学生创设问题情境，问题要小而具体，有启发性，并有适当的难度，同时引发其求知欲，要注意其知识的积累，只有当其知识积累到一定程度时，才有可能使他们对学习产生兴趣。

3. 帮助学业不良学生获得成功感。可以帮助其分解学习任务、帮助其制订合适的学业成功标准、实施积极的鼓励性评价。

4. 进行必要的归因训练活动。教师可以通过主题班会和命题作文等形式，启发学业不良学生作出恰当的归因，尽量将任何一点学习进步归因为个人的努力程度和所采取的恰当的学习策略。

（三）根本是改进教学策略，优化学业不良学生的认知结构。

1. 教师要加强学科知识的系统复习，为学业不良学生提供个别练习，对其效果及时检查、及时评价、及时补偿。

2. 教师要引导学业不良学生及时发现学习中存在的问题，尤其是知识性错误，并查找错误的原因，采取有效的补救措施。

（四）方法是实施分层次教学。

这是一种有利于学业不良学生转化的有效方法。在分层次教学中，教师要分层备课、分类指导，可以建立帮教小组，进行合作学习。

（五）保障是建立和谐的师生情感关系。

1. 教师要了解关心学生；

2. 教师要尊重学生；

3. 教师要对学生严格、公正。

四十一、布鲁纳的学习理论介绍

布鲁纳是美国著名的心理学家。他的学习理论的主要观点是：

（一）强调理解每门学科基本的知识结构。

（二）主张在学习过程中要发展学生的认知能力即智力。他提出"要帮助每一个学生获得最好的智力发展"。

（三）强调基础知识的早期学习。

（四）重视学生学习的主动性，提倡广泛使用发现教学法。他认为发现法有四大优点：激发智慧潜力；培养内在动机；学会发现的技巧；有利于记忆的保持。

布鲁纳的这些思想对于指导和改进教学有重要意义。发现式教学的确有接受学习不可比拟的优点，它从学生感兴趣的问题出发，突出学生学习的主动性和主体性，注重学习的过程而不仅仅是学习的结果，重视获得知识的方法而不仅仅是知识本身。在学生独立发现的过程中，学生感到心理自由和心理安全，体验到发现的快乐，它能很好地激发学生积极主动的探索精神和内在的学习动机，培养学习的兴趣和自信心。由此可见，发现式教学对于培养学生的创造能力和良好的人格以及将来从事发现和技术发明等无疑是十分重要的。但是发现法的运用也受到许多因素如学生已有的知识经验等的限制，因此过于强调发现是有失偏颇的。

四十二、奥苏伯尔的有意义学习理论介绍

奥苏伯尔是美国著名的教育心理学家。他强调主动的接受学习，并认为学生接受知识的学习过程是一种有意义的学习过程。有意义学习，是指符号（语言文字及其符号）所代表的新知识与学习者认知结构中已有的适当观念建立起非人为的和实质性的联系。他的理论核心是学生能否习得新信息，主要取决于他们认知结构中已有的观念，也就是新旧知识能否运到

意义上的同化。

他认为不要把接受学习与机械学习、被动学习等同起来，也不要把发现学习与意义学习等同起来。他认为教师用言语系统传授知识时，学生的求知心理活动仍然是主动的。在学习一种新知识时，学生在教师的引领下，尝试运用其既有的知识，从不同的角度去吸收新知识，最后纳入他的认知结构中，成为他自己的知识。

他对有意义学习的条件进行了阐述。首先，有意义学习的外部条件，是材料本身必须具有意义，即材料本身能与个体认知结构中的有关观念建立起非人为的和实质性的联系。其次，有意义学习的产生还必须满足三个内部条件：1. 学习者必须具有有意义学习的心向，即具有积极主动地将符号所代表的新知识与学习者认知结构中原有的适当知识加以联系的倾向。2. 学习者认知结构中必须具有适当的知识，以便与新知识进行联系。3. 学习者必须使这种具有潜在意义的新知识与他们认知结构中有关的旧知识发生相互作用。

奥苏伯尔提倡在课堂使用讲授教学法，认为讲授法是一种最经济、最便捷、最有效的教学方式。他还阐述了讲授教学不同于"填鸭式"教学，因为任何一种形式的讲授教学，只要它能导致学生的有意义学习，只要它能满足学生有意义学习的三个内部条件，那它肯定就不是"填鸭式"教学。相反，如果教师的教学不能导致学生进行有意义的学习，或者不能满足学生进行有意义学习的三个内部条件，那它不是"填鸭式"，就是无效教学。

他的理论适用于课堂知识的教学，而在能力培养和技能训练等方面的教学上却显得不足。

四十三、人本主义学习理论介绍

其理论代表人物是美国著名心理学家罗杰斯。他的学习观是：

（一）最重要的学习内容是对人有价值、有意义的经验

他认为这类学习内容，学生对它感兴趣并认为是有用的，保持起来也比较容易。这就揭示了教师要尊重学生的兴趣和爱好。

（二）主张以学生为中心，强调发挥其内在潜能的教学

罗杰斯认为，学生是一个有目的、能够选择和塑造自己行为并从中得到满足的个体。因此，教学要以学生为中心，让学生通过自由选择、自我发现与自我评价来获得知识和学习方法。只有这样，才能发展学生的潜能，使内在的学习潜能在后天达到最充分的实现。他认为，这个过程对于学习者来说是一个愉快的过程，不应把惩罚、强迫和种种约束作为促进学生学习的方法。

罗杰斯强调发挥学生学习的内在潜能、发挥学生学习的积极主动性是对的，但忽视教师的教育作用及环境的决定作用和教育的约束力量而任其自由发展，这是错误的。

（三）最有用的学习是掌握学习方法

罗杰斯认为，许多有意义的知识经验是在做的过程中即实际的学习活动中学到的。在学习过程中，形成了自我评价和自我创造能力，这是学习过程的最终目的；而且还学会掌握知识经验与方法，这些方法和经验可以运用到以后的学习过程中，所以，最有用的学习是在学习过程中学会如何进行学习。

（四）学习是一个情感与认知相结合的整个精神世界的活动

罗杰斯认为，在学生的学习过程中，情感和认知是其精神世界不可分割的部分，是彼此融合在一起的。学习不能脱离儿童的情绪感受而孤立地进行。在儿童的学习过程中，情感的教育与对数学、语文的教学同等重要。学习如果没有情感的参与，它只是一种信息的接受和加工的过程，学习是冷冰冰的没有生命意义的世界。他认为这种排斥情感参与的学习对学习者是无意义的，也就是无效的学习。

（五）学习过程是学生的一种自我的发展与实现的过程，这不仅是学习和教育的价值所在，从更广义上说也是一种生命的价值，而不仅是为了生存的一种方式

罗杰斯认为，只要有一个适当的学习环境，学习者可以凭借自身的这种巨大资源，自动、自我地完成学习。这个观点同现在提倡的"学会学习"、"学会生存"和培养学生的独立性、创造性有着一致性。

（六）强调教师在学习中的指导作用

人本主义心理学对教师在学生学习中的作用固定为促进者、辅助者。罗杰斯认为，教师是帮助学生增强对变化的环境及自我的认识，教师要成为学生学习的促进者和激励者，必须对学生进行全面了解和关心，尊重学

生的人格，与学生建立良好的师生关系，从学生的角度出发安排学习活动，并善于采取多种教学方法，使学生在学习中获得愉快的体验。

总之，人本主义学习理论注重学生身心健康地成长，重视对学生的尊重与爱护，注重学生创造力的培养，这对当前提倡"为创造性而教"的教学实践活动是有一定参考价值的。

四十四、建构主义学习理论介绍

建构主义认为，世界是客观存在的，但是对世界的理解和赋予的意义却是由每个人自己决定的。我们是以自己的经验为基础来建构现实。由于个体的经验以及对经验的信念不同，于是对外部世界的理解也各异，所以，建构主义者更关注如何以原有的经验、心理结构和信念为主来建构知识，强调学习的主动性、社会性和情境性。

建构主义学习观对学生学习概括起来有如下观点：

（一）课本知识是一种关于各种现象的较为可靠的假设，而不是问题的惟一正确答案。学生对这些知识的学习是在理解基础上对这些假设作出自己的检验和调整的过程。

（二）在学生建构自己的知识的过程中，现有知识经验和信念起着重要作用。

（三）强调教学中多向社会性和相互作用对学生学习建构的重要作用，主张教师—学生、学生—学生之间进行丰富的、多向的交流、讨论或合作性解决问题，提倡合作学习和交互学习。

（四）学习可分为初级学习和高级学习的不同层次。

（五）重视活动性学习在学生学习中的重要作用。

建构主义学习观是一种新的学习理论，它是在吸取了多种学习理论，尤其是维果茨基思想的基础上发展和形成的。该理论强调学习过程中学习者的主动性和建构性，将学习分为初级学习和高级学习，主张自上而下的教学设计及知识结构的网络化，倡导改变教学脱离实际的情境性教学。这些观点对于我们进一步认识学习的本质，揭示学生学习规律，推进素质教育有积极的意义。

四十五、影响品德形成的因素有哪些?

（一）家庭环境对学生品德发展的影响

家庭环境对学生品德的影响来自两个方面，即家庭环境的客观方面和主观方面。前者包括家庭的物质生活、家庭结构和主要的社会关系、家长的职业类型及文化程度，以及孩子的出生顺序等；后者包括家长的品德修养、家长对子女的养育态度和期望以及家庭气氛和家庭作风等。影响子女品德发展的主要是家庭环境的主观方面。

1. 父母的职业和文化程度：文化程度较高与文化程度低的父母，前者对孩子的品德具有更积极的影响。

2. 父母的期望：家长对子女的期望值越高，则越有利于品德的积极发展。

3. 家庭气氛：在和睦的家庭气氛中长大的孩子，其品德状况比平常气氛下长大的好，而平常的又比紧张的好。

4. 家庭的人口结构：破裂的家庭结构给青少年带来了过分紧张的生活气氛和感情冲突，使其在品德上易于向不良的方向发展。

5. 家长对待子女的态度：民主的教养态度有助于儿童形成良好的人格。

（二）学校对学生品德发展的作用

1. 受教育程度与道德发展的关系：受正规教育的多寡，影响一个人最终将达到什么样的道德发展水平。

2. 道德教学对儿童道德发展的作用：按学生小组道德讨论的形式，以道德故事为教材进行道德教学，对于提高学生道德教材的兴趣，加深他们对道德问题的理解很有帮助，对于促进儿童道德行为的成熟也有一定的效果。

3. 道德训练的作用：研究表明，短期道德教育训练能明显地改变儿童原有的品德。

（三）个性对学生品德发展的影响

1. 个性倾向性：包含道德动机、道德理想、人生观和自我意识等因素在内，在品德发展上起动力系统的作用。

2. 个性心理特征：包含能力、气质和性格。其中认知能力是品德发展的基础，提高学生的认识水平是提高品德水平的突破口；气质是成功道德教育的一个重要依据，气质类型特征也是进行个体施教的依据。一个人的性格可以反映他的品德，性格培养可以巩固已形成的品德心理特征。

四十六、如何培养学生的道德认识、道德情感、 道德意志和道德行为？

品德，又称道德品质，是指个人依据一定社会的道德准则和规范行动时表现出来的稳定的心理特征。

品德的基本心理结构包括道德认识、道德情感、道德意志和道德行为。四种心理成分有机组合，缺一不可。它是品德教育"晓之以理、动之以情、持之以恒、导之以行"的心理依据。

（一）道德认识的形成

道德认识是对道德行为准则及其意义的认识。在道德认识的形成过程中，道德知识的掌握是先决条件，道德信念的确立是关键因素，道德评价能力的发展是重要标志。

1. 道德知识的掌握：要形成道德认识，必须先领会道德知识，因此，教师要有周密的计划，明确究竟让学生掌握哪些道德知识，并且要根据学生心理发展水平进行教育。比如，教师对于低年级学生讲述道德知识时，要具体形象化，把具体事例与道德规则结合起来，不要讲空洞抽象的道理。随着年级的升高，逐渐帮助他们扩大道德知识的深度和广度。

2. 道德信念的确立：道德信念是道德认识形成中的关键因素，是道德教育的中心环节。心理学研究表明，小学高年级和初中阶段，是道德信念的萌芽时期。教师应引导他们确立正确的道德信念，抵制各种错误思想的影响。教师要让学生通过自己的或集体的实践活动来获得道德经验和积极的情感体验，证实并体会到道德要求的正确性，从而形成坚定正确的道德信念；教师和成人的身教对学生道德信念的形成起重要作用，如果教师过分注重口头说教，走形式主义，则会妨碍学生正确道德信念的建立；同时还要培养学生的道德评价能力，对自己和他人的道德行为作出正确判断。

3. 道德评价能力的发展：它是形成道德认识的标志。

（二）道德情感的培养

道德情感是人的道德需要是否满足而引起的心理体验。培养高尚的道德情感是品德的教育的主要目的和重要内容。在教育活动中，要重视学生的情感性学习，培养学生对情感的自我调节能力；充分利用榜样的鲜明形象与感人的生动事例，引起学生道德情感的共鸣；要重视教师的道德情感对学生情感的影响。

（三）道德意志的培养

在教育实践中，常常可以看到学生明知故犯的现象，或在某种诱惑下，他们旧习重演。这些多半是缺乏道德意志所致。要培养学生坚强的道德意志，教师要做好以下几个方面的工作：

1. 给学生道德实践的机会。教师要有意识地把学校的教育、教学活动都变成培养学生意志力的实践活动，教师还要在各项活动中有意创设一些困难情境，给学生提供若干克服困难的条件，并适当给予鼓励和支持，使学生经过一番意志努力，最终获得成功。

2. 给学生提供意志坚强者的生动榜样，激发意志锻炼的积极性。

3. 组织学生讨论有关意志的问题。

4. 针对学生意志特征的差异，采取不同的教育措施，并引导学生进行意志的自我锻炼。

（四）道德行为的培养与训练

道德行为是衡量一个人道德品质的重要标志，道德行为的培养训练主要包括道德行为方式的掌握与道德行为习惯的养成。

有些学生由于缺乏知识经验与必要的行为技能，或是因为不善于分析具体情境，以致不能采取合理的行为方式，常常出现动机与效果不一致，甚至好心干坏事的现象。这时应在肯定学生动机正确的基础上，通过行为方式的示范、训练、比较鉴别，具体指导学生正确的道德行为方式，教他们学会"怎样做"。学生年龄越小，越要进行具体指导。

道德行为习惯的培养，关键就在于教师的引导，要教育学生及时克服各种不良行为习惯，也可以引导学生采用一些具体方法，如活动替代法、铭记警句等方法来巩固好的习惯。

四十七、如何转化与矫正学生的过错与不良行为?

（一）教师要有正确的教育思想和教育态度

对品德不良的学生，教师要真心地关心、爱护、帮助他们，而不是动辄批评、指责。要善于看到他们身上的发光点，巧妙地激起他们的自尊心和羞耻感。要意识到学生还年轻、幼稚，他们转变的关键在于成人的诱导。

（二）消除疑惧心理与对立情绪

品德不良的学生对他人普遍存在着疑惧心理和对立情绪，对教师也不例外。有经验的教师常用"动之以情"的方法，使他们体验到教师的善意，体会到大家都是真心爱护他的，消除其疑惧心理与对立情绪，缩短师生间的距离，建立和谐的人际关系。

（三）重视自尊心和集体荣誉感的恢复与培养

自尊心是个人要求得到社会和集体尊重的感情；集体荣誉感是人们意识到作为集体一员的一种尊严的情感体验。二者都是学生克服缺点、努力上进的动力。品德不良的学生也想在集体中表现自己并获得承认与威信，但在集体中低下的地位使他们受不到应有的重视，于是，他们就会发生与集体对立的情绪和行为，造成只顾个人而不顾集体的情况。因此，教师要帮助他们找到获得自尊的道路，培养其集体荣誉感。

（四）形成正确的是非观念，增强是非感

绝大多数品德不良的学生都缺乏正确的道德认识，是非观念薄弱，道德评价能力差，往往做了错事还不知道错误，更不会及时辨别。结果，一错再错，形成品德不良。所以，从根本上提高他们的认识水平，建立正确的是非观，是品德不良转化中的一项重要的工作。

（五）增加与不良诱因作斗争的力量，巩固新的行为习惯

在品德不良的改变过程中，旧的习惯和相应的诱因可能引起他们重犯过失。因此，教师要适当地控制或切断某些诱因，消除学生的各种不合理的欲望，形成良好的行为习惯，并且，要创设一些新的情境，对学生进行充满信任的、一定的监督性考验，进一步锻炼他们与诱因作斗争的意志力，形成和巩固新的行为习惯。

（六）针对个别差异因材施教

学生品德不良的形成与发展存在着个别差异，教师在进行矫正时，要根据他们的个别差异，采取灵活多样的教育措施，对症下药，因势利导，有的放矢地做好教育工作，效果才好。

（七）奖励与惩罚的运用

奖励与惩罚是矫正青少年品德不良的强化手段。在使用惩罚手段时，要考虑到双方的关系是否正常，运用惩罚必须公正，必须和说服教育相结合等。

四十八、教师的职业行为有哪些？

（一）设计成分

包括对学期工作的设计、对一节课的设计、对课外活动的设计、对个别教育的设计。

（二）组织成分

主要表现在组织课堂教学中。一般来说，教师组织课堂教学包括三个方面：组织自己的讲授、组织自己的课堂行为、组织学生的活动。

（三）交往成分

教师的交往成分主要包括教师与学生、家长、行政管理人员和其他教师的关系。其中师生关系是最重要的关系，教师在与学生交往过程中，必须注意要了解和研究：学生、信任和尊重学生、民主公正地对待学生。在与家长的交往中，要端正与家长联系的动机，尊重学生家长，帮助学生家长，主动和学生家长联系。

四十九、什么是专家型教师？

中国对专家型教师标准或特征的研究虽然不少，但没有形成有影响的权威见解或观点，有人把专家型教师叫学者型教师。美国关于专家型教师的标准或特征的代表人物是斯滕伯格的观点，他认为专家型教师指的是那些在教学领域中，具有丰富的和组织化的专门知识，能高效率地解决教学中的各种问题，富有职业的敏锐的洞察力和创造力的教师。他认为，专家型教师主要有以下三个方面的基本特征。

（一）有丰富的组织化的专门知识，并能有效地运用于教学问题的解决。

专家与新教师之间最基本的差异在于专业知识方面。专家型教师应具备的知识包括以下方面：

1. 所教学科知识；

2. 教学方法和理论，适用于学科的一般教学策略（诸如课堂管理的原理、有效教学、评价等）；

3. 课程材料，已经适用于不同学科和年级的程序性知识；

4. 教特定学科所需要的知识，教某些学生和特定概念的特殊方式，例如以最佳方式对学习差的学生解释什么是负数；

5. 学习者的性格特征和文化背景；

6. 学生学习的环境——同伴、小组、班级、学校以及社区；

7. 教学目标和目的。除了拥有这些丰富的知识，专家型教师还能将这些广博的、可利用的知识灵活地组织起来运用在教学中。

（二）高效率解决教学领域内的问题。

在教学领域内，专家型教师解决问题的高效率比非专家的效率更高。原因在于：

1. 他们在广泛的知识经验基础上，能够迅速且只需很少或无须认知努力便可以完成多项活动。尤其是某些教育技能已经程序化、自动化，这使他们能够将注意力集中于教学领域高水平的推理和问题的解决上。

2. 专家型教师善于监控自己的认知执行过程。即专家型教师更有计划性，对教学过程能进行有效的反思。

（三）专家型教师善于创造性地解决问题，有很强的洞察力，解决问题的方法既新颖又恰当。往往能够产生独创的、有洞察力的解决方法。专家型教师在教学中能够鉴别出有助于问题解决的信息，并能够有效地将这些信息联系起来，重新加以组织。通过这些过程，专家型教师能够对教学中的问题创造性地恰当地解决。